中外教育名著导读书系

叶圣陶教育名著导读

王凌皓　主编
聂　苏　编著

吉林文史出版社

图书在版编目（CIP）数据

叶圣陶教育名著导读 / 王凌皓主编；聂苏编著. ——
长春：吉林文史出版社，2016.5（2025.9重印）
（中外教育名著导读书系 / 王凌皓主编）

ISBN 978-7-5472-1667-5

Ⅰ.①叶… Ⅱ.①王… ②聂… Ⅲ.①叶圣陶（
1894～1988）－教育学－著作－介绍 Ⅳ.①G40-092.7

中国版本图书馆CIP数据核字(2013)第177218号

叶圣陶教育名著导读

YESHENGTAO JIAOYUMINGZHU DAODU

主编/王凌皓

编著/聂 苏

责任编辑/高冰若

封面设计/李岩冰 李宝印

印装/唐山富达印务有限公司

开本/720mm×1000mm 1/16

字数/160千字

印张/8.5

版次/2016年5月第1版 2025年9月第7次印刷

出版发行/吉林文史出版社

地址/长春市福祉大路5788号

书号/ISBN 978-7-5472-1667-5

定价/58.00元

目 录

第一部分　教育教学感悟

名著之一：《今日中国的小学教育》

【初映眼帘】

《今日中国的小学教育》是叶圣陶先生于1919年在用直小学担任教师时所作。文章针对当时小学教育存在的若干弊病进行了深入而具体的分析。作为一名小学教师，叶圣陶寄希望于以教师队伍自身的觉醒来促进小学教育的改革和进一步发展。文章从小学教师的责任、小学教育的价值、书籍的作用、教学的手段和方法等若干方面对小学教育进行了深刻的反思，认为小学教育的责任完全在教师，而清楚地认识小学教育的价值，确定真实而明确的人生观，从而达到充分发挥小学生的可能性以为其未来做准备的目的，才是教师的职责所在。文章用简单而明了的语言，生动而形象的笔法，全面而细致地将当时小学教育的弊端在世人面前展露无遗，为教育工作者以及整个社会敲响了警钟，并清晰而透彻地指明了教育改革的方向，对当时的小学教育可谓意义重大。时至今日，叶先生在20世纪20年代提出的许多问题，仍能引起我们的思考和共鸣。

【丝分缕解】

我是个小学教师，小学教育界的情形，当然比他人晓得得详细些。就我所晓得的情形而论，竟可说"不如意事常八九"，好现象纵不是没有，至多只有二三分罢了……觉得非改弦更张不可。这篇文字，一半算是我自己和一部分小学教师的忏悔，一半算是改弦更张的一个"楔子"。

在文章开篇，叶圣陶先生在介绍了自己的身份之后，便明确指出当今小学教育界是"'不如意事常八九'，好现象纵不是没有，至多只有二三分罢了"，一句话足可见当时小学教育弊端之严重，因此"觉得非改弦更张不可"便是理所当然的了。叶圣陶希望自己的这篇文章能够成为"改弦更张的一个'楔子'"，表达了他对小学教育改革迫切的心情，以及希望能尽绵薄之力的意愿。

一朵花，一棵草，它那发荣滋长的可能性，在一粒种子的时候早已具备了。但是有些种子竟不能发芽，便发了芽，竟有苗而不秀、华而不实的。这是什么缘故呢? 先天的遗传有什么不完全的地方，遭逢的环境有什么不适宜的地方，是一种原因; 那从事栽培的种植家不知植物的可能性，横加摧残，是又一种原因。称职的种植家栽培植物，虽不能增加植物的可能性，却能渐渐改良那不良的遗传性和环境。不称职的种植家非但不能改良遗传性和环境，反而阻遏可能性，那么植物就糟了。如今把植物比作小学生，小学教师便是个种植家。栽培小学生有效没有效，只有他负责任。

在开宗明义之后，文章首先以种植家和植物做比喻，阐明了小学教师和小学生之间的关系。叶先生认为，任何植物都有"发荣滋长的可能性"，但是为何最后却有不同的结果呢? 主要有两种可能: 一种是客观原因，即先天的缺陷或是后天环境的限制; 二是种植家的主观原因，即种植家是否能够恰当地栽培植物，以抵制不良遗传和环境对植物生长的抑制作用，使其茁壮成长。最后，他明确指出: 栽培小学生有没有成效，只有教师负责。叶先生的这一比喻极为生动地揭示了教师和学生之间的关系，教师就如辛勤的园丁一般，应起到引导、呵护学生，以促进其健康成长的作用。由此可见，教师之于学生意义重大。只有教师明确了自己的责任，才能履行自己的职责，切实为学生服务。尤其对于小学阶段的教师而言，作为小学生启蒙阶段的引导者，他们对于学生的成长举足轻重，更应该尽职尽责。

如今小学教师的缺点，就在欠修养功夫。无论什么事业，我们去做它，必须先把这项事业的价值理解明白。既经理解,我们确信这项事业是高尚的,神圣的,便一举一动都和它有精神的伴合,这便是成功的基础,便是修养。小学教育的价值是什么呢?……替小学生定个方向,使他们对准了方向,充分发挥他们的可能性,不就是小学教育的力量么?所以我们可以说:小学教育的价值,就在于打定小学生一辈子有真实明确的人生观的根基。

接下来文章直接提出了"如今小学教师的缺点,就在欠修养功夫"。而什么是修养呢?这里所谓的修养,指的就是一项事业的价值,这也是成功的基础。对于小学教育的价值,自然是仁者见仁、智者见智的,在叶先生看来,小学教育既非教小学生单纯记忆和模仿前人的思想和行为,也非只为了掌握一技之长,能够维持生存,而是要使他们逐步提高和完善自我,树立正确的人生观,最终成为更加高尚的人。这种人生观的确立,必须从小就打下牢固的基础,才能不致虚度年华,这就是小学教育的价值所在。也就是说,小学教育的意义就在于帮助小学生从小树立正确的人生观和价值观,为其今后整个人生的发展打下坚实的基础。

至于如何能够帮助小学生打定这个根基,起到关键作用的人物必然是辛勤栽培小学生的"种植家",即小学教师。欲引导小学生走向正确的方向,作为引导者的教师就必须首先拥有这种真实明确的人生观。叶先生认为,当前小学教育的弊端就在于作为教师首先就不具有正确的人生观,他们本身就没有理解教育的意义和价值,又怎样引导小学生呢?说小学教师没有真实明确的人生观必然是有依据的,那么他们究竟抱有怎样一种人生观呢?这种人生观的根源又在于何处呢?这种错误的人生观又将使得小学教育向何种不良倾向发展呢?这一系列问题,先生都给予了深刻的剖析。

如今一般的小学教师抱的是怎样的人生观呢?原来我们中国人凡是称为读书明理的,从传统上环境上总带着几分学究气息,他们的人生观就是什么"继承道统""宣扬圣道"等等。……他们所说的"道统""圣道"都玄之又玄,找不出真迹来。……若说切合普通行为的人生观,他们一些也没有,简直同无知无识的人没有

3

差别。如今做小学教师的虽然不能说都是这一辈学究，大概也不免沾些气味，带些色彩。……学究气味的小学教师，总的病根在于他们的笼统玄妙、不切合人生的人生观，……凡是自己没有真实明确的人生观的人，对于他人的情性和希望，也模模糊糊，弄不明白。

叶圣陶认为，中国许多读书明理之人的人生观多半停留在"道统""圣道"上，玄之又玄，找不出实际的东西。然而，他们却将这种不切实际理解为是"超出人的普通行为之上"的，至于切合实际的具体明确的人生观，这些人是根本没有的。小学教师虽然和这些人不完全相同，却又不免受这些人所影响，沾染些不良习气。他们只是用一些徒有虚名的东西来教育学生，并不真正教育学生如何走向正确的道路，因此，自然是徒劳无功的。前文已经说过，小学教育的价值在于立定真实明确的人生观的根基，而如何立定，叶先生认为应该"从各门科学中得到切合现代人生的概念；把这些概念并合起来，找出个'人之所以为人'的道理"。而由于教师抱有的不切合实际的人生观，导致他们漠视科学，更别提研究科学，从中悟出道理了。那么，那些受过完全师范教育的教师又如何呢？尽管他们学习过各种科学，但是他们仍然不愿意加入研究的行列，又因为看到那些沾染学究习气的教师可以轻松惬意，便也"自然而然地加入了学究的行列"，使得教育事业无价值可言。

正是由于小学教师自身就不具有正确的人生观，他们对于应该怎样教育学生，如何使学生的可能性得到最大程度的发挥等一系列问题便完全没有答案。他们要么"严格"地要求学生，使他们必须循规蹈矩，一旦遇到学生真性情流露、活泼好动的时候，他们便以近乎摧残的方式遏制学生的天性，"使他们的可能性日渐消灭"；要么就完全放任自流，即不给予学生任何方面的引导，任其发展，其结果可想而知。那么，教师到底应该怎样做才是真正尽职呢？

我想，做教师的果真要使训导收到效果，应当以生物学、心理学等等做起点，把儿童的情性详细研究一番，然后本着自己认识人生观的方法，顺了他们的天性，指导他们也走上正当的轨道。……只须抱定了根本大法，就是使小学生打定具有真实明确人生观的基础，随机应付；切不可执定一种方法，以牢固的成见去应付千变万化的现象。

这就是说，作为教育工作者应该在明确宗旨的基础上，综合掌握各种科学，能够切实体察儿童的情性，并能够做到因材施教，在顺应儿童天性发展的同时，又不失时机地给予正确的引导和教育，使他们在不违背做人原则、在正确轨道上行走的前提下，也能够最大限度地发挥个人优势，发展个人潜能，为未来的生活做好最充足的准备。切不可一概而论，对于所有学生都采取一种机械的方法，禁锢了学生的天性，束缚了其发展。

书籍的作用，简单说来只是古人的思想行为的符号。古人的思想行为已经到了什么地步，我们认为是不错的，就拿来作根据再向前进步，省得重走那古人已经走过的路；若认为是错的，就改个方向，省得跟古人同入迷津。……但是要注意，读书是要学生知道"以往"，为"未来"做准备。……读书只求记忆，没有研究的方法，没有实验的机会，那样就不会切合人生，丝毫没有用处。

叶圣陶接下来又对书籍的作用发表了自己独到的见解。他认为，书籍"简单来说只是古人思想行为的符号"。通过读书，古人思想行为正确的地方，我们可以在此基础上发展，不必再重复探究；错误的地方，我们也可以调整到正确的方向上来，以避免重蹈覆辙。但是我们教育学生读书的目的，不仅在于记忆和模仿古人的思想和行为，而应着重注意，把着眼点放在为未来生活做准备上。读书应该是伴随着研究和思考的，一方面人生学习的时间是十分宝贵而有限的，如果只是简单机械地阅读和记忆，无异于浪费时间和精神；从另一方面来说，一味地死读书会导致学生"盲从"，扼杀其明辨真理的可能性，将来便容易"随波逐流"，"做了他人的奴隶"。这一段的论述不由得让我们想起了《论语》中的著名语句："学而不思则罔，思而不学则殆。"读书的过程必然要伴随着自己的独立思考，只有经过思考最后得到的东西才真正是属于自己的，在思考的过程中，不仅能够锻炼学生明辨是非的能力，也能培养其独立自主的意识、敢于说"不"的精神，这些品质对于一个人一生的发展都是大有裨益的。接下来，从读书问题出发，先生又针对学生的天性以及自身需要的问题发表了自己的见解。

儿童的天性是注重事实的，欢喜自己去做的，凡是合乎他们天性的，他们就愿意知道它，学会它；与他们天性不相侔合的，他们就不想知道，不高兴学。……教师教各种科目，教各种教科书，并不是教过就完事了，还要以教育的价值为出发点，适应着学生的天性，拣那学生需要的给他们指导。……最要紧的是引导他们练成能处置未来，进而使自己成为更高尚的人的动力。

儿童的天性是率真的，他们感兴趣的事情就会努力去发现、去研究，他们不感兴趣的事情就会不闻不问。所以，如果教师所教授给学生的是他们不感兴趣的知识，他们就不会勉强接受，只会认为这和他们的生活毫无关系，因此就毫无意义。这就是说，作为教师，首先要明确教育的价值，并且要熟识学生的天性，最大限度地满足学生的需求。因为学生才是教育的主体，教育应该一切从实际出发，即从学生的需要出发，否则，一切都是徒劳。其实际目的就是引导他们为未来生活做准备，为达到成为更高尚的人的目标而努力。而不是像当时大部分教师那样，要么只顾教书，完全不顾学生需要；要么把已经成为模式的、固定的法则教授给学生，学生学到的知识只是独立的学科的皮毛，当他们真正步入实际生活时才发现毫无用处，徒费精神。

目前许多学校的设施不能周妥，经费的缺乏固然是一个大原因；但是这种种设施可以使学生接触实际事物，促进他们求知能，发展他们的可能性，使他们认识到真实明确的人生观，因而决不能抛弃，应该从省俭方面去寻找替代。也有许多学校居然有这等设施，然而设施是死的，怎样利用它们使学生得到知识和能力，还需要活的手段。

叶先生紧接着又讲到了"死的"教育设施和"活的"教育手段之间的配合。

他首先提出，学校的设施是不可或缺的，即使是由于经费缺乏，鉴于其对于教育的重要性，也应该"从省俭方面去寻找替代"。然而，即便有了设施，若要真正使得他们为提高学生能力而服务，还需要教师运用"活的"手段。教师怎样才能掌握有效的教学手段呢，这就必须依靠前文中着重谈到的教师的修养，如果教师本身没有正确的人生观做指导，他们就不会懂得这些设施的重要作用，他们把这些设施只不过看成是学校的装饰品，甚至也完全忽略了学生的主观能动性，把学生也看成是机械的"装饰品"。因此教学也必定机械化、简单化，那些灵活的教学手段自然是无从谈起了。学生从学校里得到的知识和学到的技能只有应用于家庭生活和社会发展才是正理。然而，家庭和社会是生动的、不断发展变化的，尤其是社会，日新月异，当学生从机械的学校走到丰富生动的社会中时，必然会感到完全格格不入，这样的学生既不具备家庭生活的能力，更不能满足社会发展的需要。由于小学教师对于教育的价值完全没有了解，因此就容易走向偏于形式的误区。把学生当作机械，以一种完全固定的模式控制学生，所有的学习和生活都在一个预先设计好的框架里，学生只需要机械地重复固定的动作，而且必须毫无质疑地遵循固有的法则。无论是对于学习，还是学校的各种活动，都只是"徒具形式"，使得所有教育活动完全丧失了教育功能，成为一种摆设，这种学校教育无疑是可悲的。

照我所说的情形看来，不能不想到非改弦更张不可。……有许多报纸杂志在那里鼓吹"教育者须修养""立教育基础于人生观""人格教育"等等主张，这不是很可喜的现象吗？可惜做这些文字的不是教师，更不是小学教师，……教育事业原是教师做的，教师不能只等旁人来"觉我"，要靠自己觉悟。……我希望小学教育收到真实的功效，所以要请许多小学教师一同"自觉"。

在文章的最后，先生再一次强调小学教育"非改弦更张不可"，以说明教育改革已迫在眉睫。先生欣喜地看到社会上许多人士已经认识到了这一点，一些报纸杂志都刊登了相关文章，其中不乏一些可喜的进步主张，但同时，又叹息于这些言论并非出自教师之口。在先生看来，这些社会人士的进步言论固然可贵，可教育终归是教师的职责所在，只有教师充分发挥了个人的主观能动性，自身觉悟了，教育事业才能真正走向良性的轨道。先生以一名小学教师的身份，期望以自己的"自觉"，呼吁广大小学教师共同"自觉"，以最终真正实现小学教育的价值。

【见仁见智】

读罢此文，我们不禁为叶圣陶先生关心小学教育发展、渴望教育向正确方向改革的迫切心情所感动。作为一名普通的小学教师，叶先生在当年的真知灼见、远见卓识更是让我们钦佩不已。善于发现问题、敢于提出问题、勤于解决问题，一代教育大师的风采已初露端倪。文中所提到的很多教育问题，在近百年后的今天，对于我们当今的教育工作者仍然具有重大的现实意义。无论是论教育的价值、教师的职责、师生关系，还是书籍的作用、教育所面临的问题等等都是值得我们当代人思考的。在文章结尾处，叶先生以恳切的语气，期待广大小学教师的共同"自觉"。在小学阶段的基础教育已经得到极大改善，教师队伍素质不断提高的今天，我们仍然希望广大小学教师勤学勤思，使我国的小学教育向更高更远的方向发展。

名著之二:《小学教育的改造》

【初映眼帘】

完成于1919年的《小学教育的改造》一文,是叶圣陶先生对于小学教育的又一深刻思考。文章针砭时弊、一针见血,将当时小学教育当中存在的弊病、导致这种弊病的深刻根源予以揭示,毫无保留地指出了许多教育工作者错误的人生观、教育价值观,严厉地批评了许多现行教育制度的不当之处。针对种种教育观念、教育制度以及教育设施上的误区,叶先生又以恳切的语气,怀着对小学教育事业的无比热爱之情,凭借其深邃的智慧和丰富的经验,提出了诸多行之有效的解决办法。先生盼望小学教育改革心情之急迫、对小学教育态度之严谨、对培养学生的健全人格之渴求跃然纸上。此文一出,必然在当时的教育界引起深刻的思考。在当今教育界,叶先生的种种教育理念仍然具有指导意义,他对教育事业的热爱和尽职尽责的工作精神更加值得我们继承并发扬光大。

【丝分缕解】

整篇文章以一个重要的问题开篇,即"以前的小学教育的任务是什么?"叶先生在第一段中指出了自己接下来作为判断和推理的依据,他虽不能完全了解整个教育界的状况,但根据自己的亲身经历,以及悉心观察、调查研究,基本上掌握了教育界的"十之五六"。因此,根据这些调查和发现来讨论问题,应该是具有很大的代表性和说服力的,用叶圣陶先生的话来说就是"有可以注意和评论的价值"。

一 探讨学校教育的误区

(一)分析学校教育存在的误区及结果

一般担任小学教育事业的人,以为儿童所需求于学校的,是取得前人的知识和克制自己的德行。他们又以为知识是可以授予的，德行是可以勉强修炼的。所以小学教育的任务就是把知识授予儿童，勉强儿童修炼德行。授予知识的方法，便是诵习古人思想行为的记录。诵习纯熟，疏解明白，便算是得到了知识的本体了。修炼德行的方法，是使儿童将平时的习惯嗜好一概摒弃，另外过一种一言一动都须顾虑的符合玄虚抽象的概念的生活，能够耐得下过得惯这种生活的，便算是有德行了。

　　叶圣陶先生明确指出了人们对于学校教育的几种误区，即只要死记硬背会书中的东西，便等于学生掌握了知识；只要是儿童循规蹈矩，舍弃一切天性，完全听命于人，便就是有了德行。这种种误区的存在直接导致了评价学生的标准的诞生，那就是只要是听话的学生、熟读成诵的学生，便是最好的学生；那些能够督促学生熟读，在生活中限制学生的言行的教师即为最好的教师。这就是评定教育工作最准确的标准，也是小学教育唯一的任务，追求的最高目标。相反，那些天性比较活泼的，甚至偶尔有些叛逆的学生，便是冒天下之大不韪，必须给予严厉的处罚。"惩罚之后，这些儿童如果仍旧在学校里受教育，教师还是照样只管授予知识，只管勉强儿童修炼德行。"这就无异于走向了恶性循环的轨道。叶圣陶先生对当时教育界的这种误区进行了生动而形象的比喻：

　　好像学校是一个模型，儿童是一种物质。玻璃厂里的做瓶子的模型，一定要把玻璃装进去才能成器，把泥土装进去是成不了玻璃瓶的，所以玻璃厂不要泥土。

　　这个比喻极为直接地批评了教育工作者无视儿童天性的发展、个体的差异，用一种固定的模式限制儿童发展，抹杀儿童天性，束缚儿童成长的错误做法。那么，这种错误的观念会产生怎样的结果呢？学生们在学校教育中没有任何幸福可言，而且，在接受这种教育的儿童当中，学行皆优的人是极少数的，由于这极少数难以具有普遍性和说服力，因此这并不能证明学校教育是成功的。从社会整体的角度进行观察，也没有看到小学教育所取得的任何成绩，无论儿童是否接受这种教育，他们的发展将不会有太大的差别。受过教育的儿童只是掌握了一些零星的知识，至于对问题的洞察力和分析问题的角度，却并不高于没有受过教育的儿童。这种教育从这一层面上来说无疑是徒劳的，是可悲的。

（二）分析误区产生的原因

为什么会有不惬当之处呢？因为担任小学教育事业的人把人生看得太简单太机械了。他们以为人生的种种行为，只不过是各不相关的表现，把这些不相关的种种逐一学会，便是人生的意义。……把教师的职务划分为训导、教授、管理，从儿童的发展来看也不切合自然。

叶圣陶先生认为，这种种误区产生的原因，一言以蔽之，就是教育工作者对于人生的认识存在偏差。他们认为人生的种种行为都是独立的，各不相关，学生只要把这些行为一一学会即可。这种认识显然是片面的，它把事物之间的联系人为地割裂开来，把统一的整体分为简单的各个部分去看，自然无法形成全面而准确的人生观。教育工作者根据这种错误的观念，把教师的职责分为"训导、教授、管理"三大项，自然也就完全是一种谬误。首先，它的错误在于无法满足实际生活的需求。人们做一件事，必然出于某一种需求，为这种需求而努力，若是兴趣使然，成功也就不远了。至于德目，成人或许会因为思想的守旧和顽固对其产生兴趣，而作为儿童，却是万万不可能的。把儿童当作那些因循守旧的成人来看待，本身就是一种错误；其次，这种简单的划分也无法切合儿童的发展。叶圣陶认为，这样从事专门职务的教师无异于"贩卖的商贾""传教的牧师"，"像商家的会计和社会上的警察"。那么，这样的教师又会使儿童产生怎样的想法呢？他们对这些知识毫无兴趣，认为这些并不是他们所需要的，对他们的生活不会产生任何帮助，因而对教育提出种种疑问。即使不提出疑问，他们也会认为教师所训导的内容是枯燥乏味，虚无缥缈的，因此完全不会理会。还有另外一种可能，那就是有些儿童已经习惯了教师的习惯，并且同样将之视为真理，盲目顺从和遵循，并也认为这才是能够发展自身的途径。叶先生认为这些儿童是最可悲的，这无疑是这种教育最大的遗憾，可见他对于这种教育的完全否定态度。

担任小学教育事业的人又把儿童的心理看得太简单太机械了,认为认识、联想、练习、应用等等都是各自独立的事,相互没有联络,没有整统的关系。

误区产生的另一种原因就是担任教育事业的人把儿童的心理活动也看成是简单机械的,认为他们的一切思想和行为都是各自独立、没有任何关联的。这就和上一个原因犯了同样的错误,即否定事物之间的固有联系,把它们看作完全割裂开来的各个部分。基于这种错误的认识,教师在教授学生的过程中"段落分明""按步循序",把认识、联想等过程当作完全独立的事情,认为它们彼此间毫不相关。而事实上,学生思考和学习的过程是一种完整而复杂的活动。如认识是联想的基础,联想又是认识可能产生的结果,练习、应用等过程也都相互联系、互为因果、不可分割,如果硬要将其割裂开来,则避免不了产生片面认识、不顾整体的结果。

综上所述,教育误区产生的根本原因就在于教师既不能深刻地理解人生,也不能真正了解儿童本身。因此,他们所做的一切努力往往成为徒劳。只有教师真正去研究和理解儿童的心理,他们才能对儿童施以正确的教育。而在这个过程当中,教师的"自觉",即教师的思想觉悟和认识水平十分重要。许多教师自身觉悟不高,只是一味地羡慕和模仿古人,他们的人生观是虚幻而抽象的,缺乏具体而明确的人生观。许多人理解人生只是要生活,但并不去探究如何生活、怎样更高质量地生活,至于那些根本从未形成过人生观的人就更不必说了。然而,生活却是实实在在的,而非空洞虚无的,否则,人生将毫无价值。儿童受了拥有这样思想的教师的影响,自然也就无法明了人生的价值,认为人生毫无意义。叶圣陶认为:"以前的小学教育,对于儿童没有积极的效果,消极的影响却随处皆是。"这是源于学生对于教师的教导是全无兴趣的,他们喜好观察、玩要等天性得不到良好的引导,必然无法取得任何成绩。"也有一些儿童,他们的本能薄弱,若不加培壅,等不到开花结果就先枯萎了,滋长荣发的本能就此永远埋没了。"这表明叶圣陶先生在那个时代已经开始了解和运用现代儿童心理学的知识对儿童进行分析和判断,而大部分教育工作者是不具有这种能力的,因此,教育必然无法走向成功。当然,我们也不能说这些教师从未思考过教育问题,只是他们沿着错误的方向思考,自然得不到正确的结论。

以前的教师有时也考察儿童受教育之后,有没有得到实际的效益;谁知一经考察就得了五个字:"他们不好学。"……其实,这样的推想本身有两层谬误。第一,以为我们对于一件事物所以能达到"好之"的地步,一定因为羡慕它的效益,贪图它的用处;却不曾想其中还有解决疑难和应付环境等种种兴趣。第二,以为儿童的心理和习性和深谋远虑的成人是没有区别的;成人对于事物力求精研,往往有为着未来的功利目的,便以为儿童的心理和习性大约也是如此。

有一些教师也对儿童受教育之后却无进步的现象进行了思考和考察,然而他们考察的结论却是儿童不好学。认为儿童之所以不好学,是因为他们不了解教授的功课能够产生什么样的益处,于是便循循善诱,教导学生各门学科的用处以及如何才能掌握各种功课,殊不知,这根本就是徒劳。首先,我们爱好一件事,并不一定是简单地认为它有用,能给我们带来什么好处,很多时候,我们是为了更好地解决问题和适应环境而对其产生兴趣;其次,儿童的心理是有别于成人的。涉世已深的成人做一件事情多半功利心较重,更多地考虑到能够达到什么目的,对儿童而言,"他们只想去弄明白、去应付,所以他们只管自己玩弄、抚摩、观察、实验,在成人看来也许觉得可笑,而他们却有无上的乐趣"。儿童和成人的区别,就在于他们对于任何事情几乎只凭兴趣,不考虑任何其他功利的东西,他们为了喜欢而喜欢,为了探索而探索,简单而纯真,这正是儿童的可贵之处。学校之所以不能引起他们兴趣的原因也因此显而易见,那便是学校生活不能使他们产生快感,他们便完全没有兴趣去进行探索和研究了。

二 批评现存的教育制度

凡是一种制度,大家受到了利益,就觉得这是最好的了,必须永远保存下去,不再想还有没有更好的,能使大家受到更大的利益。……时代向前推移,世事发生了变易，先前的制度就不能满足人们的欲望了，当然应弃去旧的，另寻新的制度。……以前的小学制度是当年比较有益的，也并非最好的，然而后人仍保守着，当作千古不变的定则。其中最显著的便是教室制度和用书制度。

在这一部分当中，叶圣陶先生首先指出了当时人们所普遍存在的一种弊病，即多数人喜欢固守一些现行的制度，只要这些制度让大家受了一些利益，就觉得满足，不去探究更好的。人们对于现存的制度多半有一种盲从，认为只要是存在的制度就是真理，不宜更改。然而，这就忽略了社会不断发展变化这一铁的事实。随着时代的变迁，社会的发展，许多已经存在多时、甚至曾经带来过很大益处的制度往往已经不能完全适应当今的现实了。因此，除旧布新就成为一种必然，如果一味地恪守原来的准则，一成不变，就将走入墨守成规的误区，无法为社会发展提供新的契机。此外，在现实生活当中，很多事情和道理是显而易见的，然而由于他们似乎太过平常，人们却往往习惯于将简单问题复杂化，而脱离了实际。"拿知识的获得来说，只不过是欲望、兴趣和努力相连续的结果。"在此，叶先生以幼童学步为例进行了说明。小孩之所以学习走路，往往最开始来源于对于别人行走的羡慕，因此产生了学习的欲望和兴趣，在数百次努力模仿之后，自己竟也掌握了这样的本领，如此简单而已。任何知识的获得也都大体如此。而教师却固执地认为，这只是孩子的本性，并不能以此来引导他们学习，必须按照特定的制度和方法，才能使他们获得知识和技能，这种认识无异于舍本逐末。在先生看来，在旧有的教育制度当中，最亟待调整以适应教育发展的尤数教室制度、用书制度和分科制度。

（一）评教室制度

教室制度的好处，就在于节省教育的人力和时间，论它的起源，还由于宗教的遗制。于是历世相传，凡是学校都有教室，仿佛是天经地义。……在教室里是学习的时候，仿佛出了教室就不是学习的时候了。在教室里须要应用学习得来的知识，仿佛出了教室就不必应用学习得来的知识了。……教室是一种特异的拘束的境界。

叶圣陶先生认为,教室制度是"宗教的遗制",它的好处就在于能够节省教育的人力和时间,于是从古至今,凡是学校则必有教室成为了亘古不变的真理,被人们所接受和服从。实际上,教室制度存在诸多弊病,它使儿童喜爱活动的天性被束缚,让活泼好动的孩子们一动不动、规规矩矩地坐在教室当中,无异于一种折磨。此外,在教室当中,即使教师可以运用一些手段来引起学生对于一些问题的注意,但是学习本是应该源于学生的需求,既然学生暂时没有学习的需求和欲望,为什么一定要把这些问题过早地摆在他们面前呢?知识的学习应该首先是建立在儿童的兴趣基础之上的,对于毫无兴趣,甚至还未感知到的东西,没有必要硬性地强加给儿童。待他们在生活中遇到问题,需要知识的时候,必定会去探索和研究。知识绝不应该仅仅来源于教室,更应该广泛来源于丰富多彩的生活。生活就是最大的课堂,完全没有必要用教室来约束了儿童的发展。这种解放天性、以生活为师的大教育观,在当时是极为难能可贵的。

(二)评用书制度

书籍的效用在于传授以往的成绩,流布个人的思想。用书制度的好处,就在于使学生知道这些成绩和思想,并备遗忘。……但是知识的获得并不专靠读书,读书不过是种种学习方法中的一种罢了。……读书是一种手段,并不是最后的目的。……倘使儿童一进学校,就把他们关闭在教室里,只让他们诵习书籍,他们的生活境遇可以说骤然改变了。……这种适应和深谷里的鱼变为盲鱼一样,是一种消极的倾向。学生出了学校,人家以为他们有知识了,他们也以为自己有知识了,实则上真实的知识,不知道究竟得到了百分之几。

这一段话对书籍的作用做了高度的概括。书籍是历史的记载,是已有知识的总结,我们不可能对于任何知识都亲力亲为地去探索,对于先人总结和探索出的成功经验,我们自可以通过书籍来学习。然而,读书并非是获得知识的唯一途径,更非最重要的途径,真切地来自于生活实际的知识才是最为实用的。更何况,读书并不是我们的目的,只是一种获得知识的手段,因此,读书至上论显然是不正确的。由于用书制度，使得学生进入学校最重要的任务看似为读书，读书却又不知道为何而读，久而久之，形成习惯，便视读书为己任了。这种用书制度直接导致学生知行相脱节，所学知识根本无法服务于实际生活。若要真正达到知行合一，必须从实际生活中获得知识，书籍只是用来引起我们思考的东西，而绝非不可改变的真理性结论。我们从书籍当中获得知识后，应在实际生活中予以参考，倘若遇到了互相违背的情况，其中的是非必须要经过研究，取诸事实，绝非迷信书籍。而研究目的是为了解决实际问题，并不是因为书上这样说，我们就要在生活当中去验证。否则就是本末倒置、喧宾夺主。学校里大量存书必然是有益的，但是，"应当摆在图书室里，而不把书籍特定为儿童每天必须接触的东西，这样才能使书籍的权威不超出于实际事物之上"。儿童进入学校学习，最重要的目的就是学习知识以期解决实际生活中遇到的实际问题。这就是说，学校生活应该是为学生将来的社会生活做准备和铺垫的地方，重中之重在于如何培养学生在实际生活中解决问题的能力。如果仅仅把儿童锁在书本上，则无异于舍本逐末，白费力气。

（三）评分科制度

有了用书制度和教室的制度，就不得不分科目来教儿童。与实际生活相比较，就觉得科目的划分有简单和支离的缺憾。……儿童倘若在科目之外另有需要的事和感兴趣的活动，因为没有定在科目之中，在学校里只得舍弃而不去弄它。……科目各各独立，没有共同的出发点，支离破碎，没有相互联络之处，不切合人生的应用，并无实用的价值，儿童何苦耗费心力去学习这等没用的玩意儿呢？

分科制度是和教室制度、用书制度相辅相成的。而在实际生活中，各个事物之间是一个相互联系的有机统一体，因此，分科制度和实际生活相比起来，未免显得支离破碎。学校所设置的科目，全然不考虑儿童的兴趣和需要，至于那些真正关系人生的事物，则因为和日常生活关系过于密切，没有被列入专业的科目当中。学生即使对于这些事物有兴趣，因为没有被定为教授的科目，在学校里也只能被舍弃。而学校设置的有限的科目对于无穷无尽的自然和社会生活来说是极其微不足道的，而且，这些科目的合理性、系统性都有待商榷。仅凭这样一些科目，学生是不可能应付千变万化的实际生活的。这种不切实际的分科必然导致知识和实际背道而驰。至于为什么要学习这些科目，就变成为了学而学，为了存在而学，科目之间缺乏内在的联系、共同的出发点，又远离实际，对现实生活毫无帮助，难怪叶先生忍不住要问"儿童何苦煞费心力去学习这等没用的玩意儿呢"？

叶圣陶先生用独到的眼光分析了当时教育的种种误区、引起这种误区的原因、这种错误的观念将导致的结果以及许多教育制度的弊端，将小学教育存在的诸多问题直观地展现在世人面前，可谓醍醐灌顶、一语中的。既然我们已经认识到这些问题如此突出，那么，我们就必须尽快寻求解决之道，摒弃以往的错误观念，进行大刀阔斧的改革，使小学教育重新回到正确的轨道上来。由此，教育改革已迫在眉睫。

三 对教育改革的主张

在透彻地分析了当时小学教育存在的种种谬误之后，叶圣陶先生认为，必须要把过去的错误思想完全抛弃，"求个彻底的改造"。在先生看来，以前的错误观念和态度是完全可以改变的，我们必须要有一种能够支配我们行动的"要求"，即新的知识和经验，来"帮助我们做出计划，使小学教育得到真实的效果"。针对目前的教育形式，叶圣陶先生从四个方面对小学教育的改革提出了自己的想法。

（一）关于树立新的人生观

第一，我们要明白新的人生观应当是怎样一种观念。

欲实现教育改革，必须首先改变过去固有的错误观念，只有树立正确的人生观，才能以此为基础，指导具体行动。而树立正确人生观的核心问题就在于

17

必须正确处理人与社会之间的关系。人与社会是紧密联系在一起，互相影响又彼此支撑的。社会是由个人组成的，个人的发展又离不开社会的支持。个人取得的成绩是社会进步发展的动力，而社会整体的进步，又必然会满足个人的欲望，实现个人价值。在社会当中，人与人也是相互扶持、互为依托的，彼此团结，力量就会无穷，只有人和社会统一起来，互相促进，协调发展，社会才能始终向前，人类也才能得到永久的快乐和安定。

担任小学教育事业，便是一种帮助儿童、尽力社会，并有益于自己的活动。……小学教育的意义，概括地说来便是使儿童在行为上得到新的人生观。要达到这个目的，须承认人生必须是自觉的、自动的、发展的、创造的、社会的，而以教育做手段使学生养成这种种品德和习惯，以至达到最高的高度。

在明确了人与社会的关系之后，我们再回过头来看小学教育，小学教育事业是一种帮助儿童、服务社会，并且有益于自身的活动。既然小学教育是这样一种活动，那么从事小学教育事业的人就应该确实地让小学生受益匪浅，使社会日益进步和发展，如此才能算尽到了本分，完成了使命。想要达到这样的效果，就必须首先认清小学教育的意义，叶先生认为，小学教育的意义就在于培养儿童正确的人生观。那么，应当怎样培养呢？必须要通过教育，帮助学生养成良好的思想品德和行为习惯，最终达到目的。这就要求教育工作者必须要树立具体而明确的人生观，切实理解人生的真谛，深刻领会教育的意义。至于那些阻碍教育事业发展的虚幻的、抽象的、空洞而不切合实际的人生观，是必须要完全摒弃的。

（二）关于知识的内涵

小学教育的意义既然认识清楚了，第二，我们就要想一想：知识究竟是什么？求知识的动机由于需求，没有需求，便得不到知识。所谓需求，就是满足现在的欲望，达到愉快的境地，所以知识是帮助我们计划、支配我们的行动的。我们的行动要有意义，计划要收到效果，非有知识不可。……知识的价值全在于即知即行，当时应用。

在明确了小学教育的意义之后,我们下一个要想清楚的问题就是知识究竟是什么。叶先生认为,我们之所以求知,是因为我们对它有需求,因为知识可以满足我们的欲望,使我们生活得更加愉快,所以说知识可以支配我们的行为,使我们所做的事情都有计划性、有意义。那么,知识的价值是什么呢? 就在于要即刻应用于实践,指导实践,即"当时应用"。以前的教育之所以不能激发起儿童的兴趣,其原因就在于教师告诉学生学习知识的目的是为将来生活准备的,那么它对现在的生活有什么帮助呢? 究竟什么时候才是知识真正派上用场的时候呢? 既然将来才有用,为什么现在就要学习呢? 儿童不禁要对这些问题产生怀疑了。由于儿童认为知识对于现在的生活是无用的,自然就提不起兴趣来学习它。若要改变这种状况,就必须要让他们在当前的生活环境中对知识有所需求,并且通过自己的研究和实验,来验证知识的价值。只有这样,知识才能和生活实际结合起来,才能更好地支配和指导行动,做到真正的知行合一。

教师有什么可以授予儿童的呢? 除却物质的东西可以授予,属于精神方面的知识是谁也不能授予谁的。因为知识是求知者主观的欲望和兴趣的结晶体,离开了求知者的主观便无所谓知识,所以知识只有自己去求⋯⋯儿童遇到事物,发生了求知识的动机,于是亲自去观察、去试验,结果,他们对于这事物得到了一宗新知识,他们在生活中就有了一个新趋向。这种活动创造的能力,什么时候什么地方都用得着,这才是怎样做人的根本方法。

叶先生认为,物质的东西是可以被授予的,而精神则不同。知识即属于精神层面的东西,因此,得到知识的过程必须首先来源于个人的需求,之后通过研究和证实,认为这确是实实在在的知识,方能有效,成为儿童真正掌握的知识。而教师的知识即使传授给儿童,他们由于没有经验,也不会发生兴趣,更不会指导他们的行动,因此不能成为儿童所掌握的知识。因此,我们绝不可能将知识装入儿童的大脑,而要使儿童自己通过实践将知识悟出来。不是让儿童学习了已有的知识为将来的生活做准备,而是要使他们通过自己努力掌握的知识来指导他们的行动。儿童在实际生活中遇到了问题，想要去解决它，因此对知识产生了需求，有了这种需求，他们就会自己主动去研究、去试验，经过实践得到了知识，并同时拥有了一种能力，这种能力才是教育所应达到的真正目的。也就是说，学校教育需要培养的是儿童对知识的悟性、对生活的创造力，即发现问题、解决问题的能力，简单地为了教知识而让儿童学知识，是毫无用处的。

（三）关于培养儿童求知动机

知识的由来既如上面所述，那么第三，我们就要想一想：怎样可以让儿童经常有求知识的动机？要讨论这个问题，先要说明一下本能、欲望和兴趣。……本能正是教育的原料，如果不加以陶铸，对于人生不产生价值，所以无所谓善恶。如果能引导，没有一种本能没有积极的倾向，不过有的比较容易陶铸成良好的品德，有的比较难一些罢了。……欲望是人生活动的原动力。……顺着他的欲望的趋向，作为教育的入手方法，使他们如愿以偿，才是教育者最应当尽力的事务。顺着他们的欲望，并不是使他们纵欲肆志，而是不加摧残，不与违拗，引导他们满足欲望，归结到合理而有系统的道路上去。……兴趣是我们生命所寄托着的。……人的生活，以他的兴趣所及的事物来划定广狭远近的范围。

要使儿童经常有求知识的动机，须要根据他们的本能、欲望和兴趣，想方法来引导他们的本能，顺应他们的欲望，扩充他们的兴趣。

叶先生说，欲培养儿童求知的动机，必须要先了解本能、欲望和兴趣。儿童都具有他们的本能，如何对他们的本能予以积极的引导，是教育工作者应该思考的问题。而很多教师却认为儿童的本能没有任何意义，十分不屑，殊不知这正是教育最好的原材料，只要加以正确引导和陶铸，必将有利于儿童发展。具体该如何引导呢？对于儿童本能中具有"善"的倾向的部分，教育工作者应予以积极引导，并鼓励其发展，渐渐培养成为良好的行为习惯，使儿童终生受益；对于本能中具有"恶"的倾向的部分，教育工作者应当设法使之转向"善"的轨道上来。一味地阻遏儿童的本能是一种极其错误的做法，倘若儿童的本能都被阻遏了，那么，教育便失去了原料。一言以蔽之，就是要求教师要做到扬长避短、因材施教，最大程度地挖掘学生身上的潜能，发挥其优势，修补其缺失，使教育达到最完美的效果。

"欲望是人生活动的原动力。"人生的所有行为和活动都是在欲望驱使下产生的，儿童亦是如此。儿童与生俱来的好奇心驱使他们去探究这个世界，于是产生了想要"求知求行求享受"的欲望，以这种欲望为基础，将之引向正确的方向，是教育工作者应当尽力完成的任务。这也并不是说要完全放纵其欲望的发展，但更不能扼杀欲望，如果儿童的欲望确有不当之处，也应当运用替代的方法予以补救，使他们得到满足。一味遏制，不但根本徒劳无功，还会摧毁了儿童探索生活的积极性。

"兴趣是我们生命所寄托着的。"可以说，只有一个人兴趣所及的才是属于他的世界的，其他事物，固然真实存在，但对于他来讲仍然是置若罔闻、熟视无睹，等于是虚无的。所以，一个人生活的范围是由他的兴趣决定的，如果让他感兴趣的事物很少，那么可以说，他生活的世界是非常狭隘的。而以前的小学教育却全然不顾学生的兴趣，自然无法拓宽他们的世界。在今后的教育中，应努力克服这一弊端，积极调动学生的积极性，培养他们更广泛的兴趣，这样才能拓宽他们的视野，并使他们养成终身的习惯。这种兴趣的培养，要建立在教师对学生兴趣的了解之上，为了更大程度地扩充学生的兴趣，教师自身则更应该拥有广泛的兴趣、开阔的视野。

了解了本能、欲望和兴趣各自的作用之后，怎样利用三者激发儿童求知识的动机呢？即是上文中说的，首先是对儿童的本能给予正确的引导；其次，要正确顺应儿童的欲望；第三，要不断扩充他们的兴趣。这样一来，不仅有利于达到教育目的，实现教育价值，且师生关系也将得到改善。教师并不再是简单的教授知识的人，而是与学生志趣相投、相互协助的伙伴。如此这般，就构建了和谐的师生关系。学生置身学校就仿佛置身社会，学生在学校生活中就完全掌握了服务社会、发展社会的本领，将来步入社会后，就可谓水到渠成，必将促进社会的不断发展。

（四）关于小学教育的设施

小学教育的设施应当怎样安排呢？……今后小学必须的设备是会场、工场、农场、运动场、试验室、娱乐所、图书馆、博物馆、卫生处等，一个学校便是一个社会。

小学教育的正确观念已然形成，具体怎样安排学校的设施是另外一个亟待改革的问题。叶先生认为，应当完善学校的设备，使学校即是社会。通过模仿社会中的一些设施来建设学校中的设施，学生进入了学校便同走入社会一般，他们可以根据自己的兴趣和需要利用各种设备，来满足自己的欲望。在学生进行这种社会生活时，教师应在必要时予以点拨和引导，辅助他们进行研究和探索，同时，教师自身也在不断地学习和积累当中，教师在学校当中亦如在社会中一般，实现社会价值的途径就是尽其所能地帮助儿童。

如果小学教育以这样的理念和方式得以改造，那么，学生进入学校，便能直接体验在社会当中即将面临的环境，并在这样的环境当中探寻解决实际问题的方法，培养他们实际生活的能力。学校生活不再是空洞的书本知识，而变成实实在在的生活体验。学生走入社会，可想而知，他们将为社会做出巨大贡献，也将在社会中最大程度地实现个人价值。如此这般，社会将源源不断地发展，人类将步步向前。

【见仁见智】

此篇文章将当时小学教育存在的诸多弊端展露无遗，足见叶先生对于小学教育的思考之全面、深刻。无论是对正确人生观的理解、对教育价值和使命的解读，还是对种种问题的解决措施的思考，叶先生在当时的社会无疑是很多人所不能及的，即使在当今教育界，能够拥有如此远见之人也屈指可数，我们在学习教育理念的同时也有幸感受到教育大师的魅力。大师所强调的知行合一、修养和生活合一的教育理念在当今社会仍然是我们奉为真理并努力追求的教育目标；文章尽管批判的是近百年前的教育制度，但是也同样能够引起我们对于当今许多教育制度的思考，不断与时俱进、开拓创新也同样适用于今天的教育事业；先生所提出的儿童兴趣的激发、教育设施的改进等问题，到如今我们仍在努力探索和实践。文章的前瞻性由此可见一斑。听君一席话，胜读十年书，让我们在教育大师的引领下争取更大的进步。

名著之三：《教育与人生》

【初映眼帘】

《教育与人生》一文是叶圣陶先生在1934年所作，叶圣陶时任开明书店《中学生》杂志的主编，文章主要讨论了关于教育的意义和人生真谛的问题。叶先生站在教育家的高度，对"教育与人生"的问题进行了深度挖掘，深入浅出地阐释了教育的意义、人生的意义。文章从"什么是教育""什么是人生"两个基本问题入手，通过对于教育和人生意义的阐释，明确地指出了教育的目的和责任。紧接着，又从三个方面清晰而完整地阐述了教育与人生的关系，即"以教育认识自己""以教育革新自己"和"以教育成就自己"。叶圣陶先生希望通过明确教育与人生的关系，使广大教育工作者切实认识到自身责任，以更好地指导学生走向人生的正确轨道，争取使学生在未来的社会生活中最大限度地实现自我的人生价值，完成教育的最高目标。这在当时教育局面较为混乱，教育思想较为混沌的时代起到了极为重要的作用。

【丝分缕解】

在讨论教育与人生的问题之前，我们先看什么是教育？什么是人生？教育的意义究竟是什么？……我以为教育应该指学校教育而言。所以教育是用学校作为工具，把旧有的知识系统传授给继起的青年，使他们养成一种适合于既成社会的人格，以维持和发展这个社会。所以教育是人类获得生存资料和经营生活的一种工具。……人生的意义是什么？所谓"人生"，系包括人类的物质生活和精神生活而言。各人对于人生的见解，就是所谓"人生观"。……学校教育的目的就在于使学生养成正确的人生观，因而不能不注意教育与人生的关系。

《教育与人生》一文的开头，叶先生将两个醒目的问题抛向读者，即"什么是教育""什么是人生"。只有弄清了这两个极为重要的概念，我们才能更加深入地分析二者的关系。接下来，先生便对以上两个问题进行了细致的分析和讨论。首先明确教育的意义，叶圣陶先生列举了许多人及几位著名教育家对于教育意义的解读，"如杜威所谓'教育即生活'，舒新城所谓'教育是启进人生的活动'，其目的在于为社会创造自立的人，为个人创造互助的社会；其方法在利用社会的（自然环境及社会环境）刺激，使受教育者自动解决问题，创造生活"。然而在先生看来，这些理论都是空洞的，并不切实而具体。他认为，教育应该是指学校教育而言，而学校和教育都是一种"工具"，一种把既得的知识传授给学生，以达到使这些知识服务于学生将来个人的发展以及整个社会发展的目的。教育这种特殊的工具在社会生活中的作用举足轻重，小可引导学生个体，使其得到更良好的发展，实现其人生价值；大可关系到整个社会的兴衰成败，整个国家的生死存亡。

那么人生的意义又是什么呢？在叶先生看来，物质生活和精神生活是人生中并列存在的两大方面，二者相互依存，互相影响，缺一不可。而深入理解人生的意义，精神生活则显得更为重要。人生观，即个人对于人生的理解和态度。积极的人生态度必然产生积极的人生观，也必然指导人进行积极的行为和活动。有责任感的人，将国家和社会发展作为个人发展的目标，便形成了责任的人生观，这种人生观必然指导人们心怀社会，为社会和国家牟福。由此可见，人生观对于人的生存和发展具有重大指导意义。这就使得我们在学校教育中，在这一培养人生观的场所，必须要注重学生正确人生观的形成。而明确教育与人生的关系，对于正确人生观的形成又颇具现实意义，因此，认识教育与人生的意义便显得尤为重要。

教育与人生的关系，大致有下列三点。

一、以教育认识自己

认识自己有两个方面：一为自己的主体，或称"自我"；一为自己的环境，或称"外物"或"客体"。……必须明白了主体与客体的关系，认识了环境，方能认识自己。……环境有支配或决定人生的力量，同时又有引诱人生入于某种途径的力量；……在认识环境之后，应当认识自己的本身。认识自己的本身，最主要的是自己的地位。……第一要注意自己所处的地位，第二是自己的能力，第三是自己的能力在所处的地位能够发挥的作用。

在以明确教育和人生各自的内涵作为铺垫后，叶圣陶先生从三个方面入手，论述了教育与人生的关系，即"以教育认识自己""以教育革新自己"和"以教育成就自己"。首先便是"以教育认识自己"。在叶先生看来，"天下最可怜的事情莫过于自己不认识自己"，由于不认识自己，而最终导致误入歧途的大有人在，这是十分危险的境地。那么，我们应该如何认识自己呢? 有两个方面，其一为"自我"，其二为"环境"。自我和环境之间是主客体的关系，必须首先认识环境，然后才能认识自我。也就是说，任何个体都不是独立的，必然存在于一定的环境中，只有认识了自己所处的环境，才能分析这种环境将带给我们的种种影响，无论好与坏，这种影响都不可避免地存在。因此，只有充分了解周围的环境，我们才能取其精华、去其糟粕，有目的、有意识地去进行一些活动，否则一切活动都将是盲目的，其结果也必定是徒劳的。

在认识了环境之后，就必然要认识自己本身了。在先生看来，"认识自己的本身，最主要是自己的地位"，这一点是尤为重要的。一个人只有清楚了自己的社会地位，才能明确自身的社会责任，更好地为社会发展服务。然而，社会地位也并非是一成不变的，一个人的社会地位在很大程度上取决于他对周围所处环境的适应能力。"所谓适应，既非屈从，又非反抗，乃是恰当利用环境之谓。"在认识环境的基础上，明确自身的社会地位和责任，充分利用所处环境以最大限度地发挥个人的社会作用才是真正的重中之重。真正清楚地认识环境和自我并非是容易的事，要求个人具有良好的学识和明辨是非的能力，这些优良品质来源自何处呢，教育自然首当其冲。这就对教育提出了较高的要求，不仅要教给学生知识，增长他们的学识，还必须要引导他们走上正确的轨道，帮助他们了解国家乃至整个世界的大环境，明确自己身上所肩负的使命。

二、以教育革新自己

既然认识了自我与环境，就应当从事于革新自己。革新自己可以从两个方面来说：一方面是铲除一切障碍物，如虚荣心、怠惰心，等等。……另一方面是革新过去的错误观念。

教育与人生关系的另一重要方面就是"以教育革新自己"。革新可以从两个方面来说，"一方面是铲除一切障碍物，如虚荣心、怠惰心，等等"，"另一方面是革新过去的错误观念"。所谓铲除障碍物，所要铲除的是属于人本性方面的弱点，人性有许多璀璨的闪光点，同时也有许多阴霾的角落，在这一方面我们要做的就是扬长避短，充分发挥人性的长处，而将人性当中阴暗的地方祛除，以期更好地完善自我，将来更好地服务于社会。所谓革新错误观念，是指改变以往固有的错误的人生观和世界观。在前文中曾提到过，要认识自我，认识环境，在充分认识自我和环境之后，就要求我们树立正确的人生观和世界观，而在此之前形成的错误的观念将成为障碍，必须要及时祛除。在对待已有错误观念的时候，我们一定不能姑息迁就，迷恋过去，必须毫无保留地铲除，为树立正确的观念打下坚实的基础。然而，要做到完全和过去已经存在多时的旧观念以及人性中所必然存在的弱点抗争，并非是一件轻而易举的事，要求我们必须有改革的决心和毅力，这些都需要教育作为原动力，在教育中培养学生明辨是非的能力，让他们清醒地意识到什么是对的，是值得秉承和发扬的；什么是错的，是必须彻底清除的。只有教育达到了这样的效果，社会才能真正走向良性循环。

三、以教育成就自己

最后就是要"以教育成就自己"。"成就自己"可以说是教育的重要目的之一，而何为成就自己的真谛呢？"成就自己"，顾名思义，就是要使自我的能力得到最大程度的发挥和施展，这就要求教育必须做到因材施教。由于个体是存在极大的差异的，因此每人的强项皆有不同。爱好理科即可以在理科方面努力，爱好文科，也可以在文科当中作为，爱好文艺亦可在文艺当中尽情驰骋，爱好体育则同样可以在体育方面施展拳脚。如果教育真正达到这样的效果，那么教育的价值才能淋漓尽致地体现。

在文章的结尾处，叶圣陶先生指出"以上三件事，无论缺了哪一件，很难成为健全的分子"。由此可见，认识自己、革新自己、成就自己是先后有序又一脉相承的。认识自己是革新自己的前提，革新自己又是成就自己的先决条件，成就自己同时也是认识自己和革新自己所追求的最高目标，三者相辅相成，共同造就成功的个体，进而实现教育的价值，这就对教育工作者提出了较高的要求。

【见仁见智】

《教育与人生》一文以两个深刻的意义为着眼点，细致而深入地分析了教育与人生的关系，见解独到而深刻。这是建立在叶圣陶先生对于教育事业的目的和价值，对于正确的人生观和世界观心得感悟的基础之上的。作为一代教育家，先生借分析教育与人生的关系，又一次向广大教育工作者明确了其职责所在，向全社会更深层次地揭示了教育的巨大价值。整篇文章层层递进，步步深入，将读者逐步引向正确人生观的轨道，这对当时教育价值模糊不清、人生观混沌不明的社会必然产生十分积极的影响。时至今日，重读此文，我们仍然有茅塞顿开、云开月明之感。而叶先生潜心研究、用心感悟的精神也必将感染一代又一代教育工作者。

名著之四：《中学生课外读物的商讨——教育播音演讲记录稿》

【初映眼帘】

《中学生课外读物的商讨——教育播音演讲记录稿》是叶圣陶先生于1936年给中学生作关于课外读物方面的播音演讲时的记录稿件。由于是面向广大中学生，叶先生的语气十分亲切，语言简明易懂，阐述道理深入浅出，给广大中学生及教育工作者留下了深刻的印象。这次播音演讲分为两个部分进行：第一部分主要讲到了课外读物的必需以及课外读物的类别两方面内容；叶先生在演讲中着重阐述了中学生阅读课外读物的必要性，以及养成随时阅读的好习惯的终生影响；此外，先生还从课外阅读的分类入手，深刻分析了课外读物的作用，并为第二次的演讲埋下了伏笔；在第二部分中，叶圣陶先生主要论述了课外读物的阅读方法。分别从课外读物的选择、阅读的时间、工具书的利用以及从上次演讲谈到的课外读物的分类的角度详细地介绍了课外读物的阅读方法，具体而透彻。不仅当时的中学生从先生的演讲中获得了极大的帮助，我们也相信，今天的中学生乃至教育工作者也必定受益匪浅。

【丝分缕解】

在演讲伊始，叶圣陶先生就开门见山地说出了此次演讲的目的，即应教育部要求为中学生介绍关于如何阅读课外读物的知识，并希望自己的演讲能够对广大中学生在阅读课外书籍方面提供帮助。接下来，先生说明了自己分两次进行演讲的内容，即第一次分别讲解课外读物的必需以及课外读物的类别；第二次重点讲解怎样阅读课外读物。

一 课外读物的必需

（一）课外读物是课内读物的补充

　　和课外读物相对的，自然是课内读物。课内读物指的什么呢？无非是各科的教科书，也有不用教科书而用讲义的，那讲义也是课内读物。……教科书和讲义还只是一个纲要，……你们就可以明白教科书和讲义的作用了：在学习之前，不过提示纲要；在学习之后，不过留着备忘罢了。课内读物的作用既然不过如此，就见得课外读物的必需了。

　　叶先生首先从补充课内读物所未涉及或未全面介绍的知识方面阐述了课外读物的作用。课内读物指的自然是教师上课所用的教科书以及讲义。先生认为，教科书和讲义都是按照教育部的统一规定，遵循一定的内容纲要，由专门的教师或编者编纂而成的简明地叙述课程所讲知识的书籍。由于篇幅的限制，教科书不可能特别深入、细致地讲解每一方面的知识，只能起到初步介绍和辅助的作用，因此，"教科书和讲义还只是一个纲要，比'课程标准'规定的内容纲要更为详尽的纲要"。教科书还有另外一个作用，那就在于课后。当学生回顾知识的过程当中，可能不能完全记得教师所教授的内容，这时，翻开教科书和讲义可以起到一定的提示作用。综上，叶先生将教科书和讲义的作用概括为两点，即"在学习之前，不过提示纲要；在学习之后，不过留着备忘罢了"。

　　既然课内读物的作用如此有限，就必须通过课外读物加以补充和完善。当我们在课堂上学习了某一学科之后，如果能再去找一些与之相关的课外读物来阅读，其意义就等同于将教师所讲的内容又回顾了一遍。课堂上的时间是十分有限的，教师只能简单扼要地进行介绍，举一部分例子加以说明，而不可能太过丰富和详尽，而且，教科书上的内容由于种种限制常常是难以深入的。然而课外读物却不受这种限制，它可以深入而广泛地介绍所有学科的相关知识，举的例子也比书本上更加丰富和生动，而且不受时间限制，可以随时阅读，细细品味，深入研究，正如先生所说："课外读物，正是引导你往深里广里去研求的途径。"在这一段演讲中,先生着重说明了课外读物对于课堂教学的补充作用。

(二)阅读课外读物是实际生活的需要

除了与各种科目直接有关的读物以外,你们还要看其他的课外读物。譬如,你们修养身心,不但在实际生活中随时留意,还想知道古人今人是怎么说的,以便择善而从;这时候,你们就得看关于修养的书。你们要认识繁复的人生,理解他人的生活和思想感情,不仅为了领受趣味,还想用来陶冶自己,使自己的人格更为高尚;这时候,你们就得看各种文学作品。国难日重一日,这是无可讳言的,你们深感"知己知彼"的必要,在"知彼"这个项目下,你们自然而然想知道日本的一些情形;这时候,你们就得看关于日本的书。……前面所说的那些书通常称作参考书,是学习各种科目的辅助品;这些书却直接供应实际生活的需要。

课外读物除了作为教科书的补充之外,更重要的作用是服务于实际生活。在这里,叶圣陶先生举了一系列例子说明了课外读物陶冶身心、领悟生命以及战争需要等作用,而这些作用同时也可以看成是各种科目的延展。比如那些关于修养的书,可以看作是公民科的补充;那些文学作品,可以说是国文科的补充;那些关于日本的书,可以看成是历史地理科的补充等等。但是这些书相比较前文中提到的那类教科书的补充书籍显得更为贴近实际生活。因此,它们是为实际生活而服务的课外书籍,学生在实际生活中遇到困难或问题时,都可以查阅这些书籍,它们将帮助学生提高实际生活的能力,因此,这一类的课外书籍可以充实学生的生活,并且有益于他们的身心发展。

(三)阅读习惯的养成

对一个中学生来说,有两种习惯是必须养成的。哪两种习惯呢?一是自己学习的习惯,一是随时阅读的习惯。……学生不应该把教师的讲授看作学习的终极目的;

教师的讲解只是发动学习的端绪，学生必须自己再加研求，才可以得到能运用于实际生活的知识和能力。……自己学习不限于看书，从实际事务中历练，对具体事物的观察、推究、试验，都是自己学习的方法。可是书中积聚着古人今人的各种经验，收藏着一时找不到手的许多材料，对于自己学习的人来说，书究竟是必须发掘的宝库。

　　叶先生认为，学习必须是一个主动的过程，而不应该是被动接受的过程，教师灌输什么就装什么，这种态度是极其不可取的。在前文中我们提到过，教师的讲解无论如何都是十分有限的，更多的知识必须通过学生自己的扩展学习。学习是为了满足学生的实际生活需要的，而实际生活的需要是千千万万的，决不是教师仅凭课堂上一点有限的时间就可以传授完的。教师的讲解对于学生起到的应该只是引领和指导作用，学生只有在课后不断地深入研究、不断探寻才能真正掌握实际生活所需要的技能。而这些，只靠一时的心血来潮是绝对达不到效果的，必须要切实养成自己学习的习惯，才能受益终生。

　　自己学习显然不只包括读书这一项，还有很多好的学习方法，但是书籍毕竟是浓缩了大量知识的瑰宝，因此，课外书籍的阅读不仅有利于扩展知识，更加有利于中学生养成自己学习的习惯。在论述阅读习惯的重要性时，叶圣陶先生将发达国家和我国做了对比。在很多发达国家，人们都有良好的阅读习惯，甚至嗜书如命，分秒必争地阅读，然而在我国，不仅普通百姓没有这种好习惯，就连企业家、政治家甚至大学教授都做不到如此。在我国，求学一向被称作"读书"，这也就代表了很多人的一个误区，即把读书看成是学生才应该干的事，而普通群众不去读书，自然也是这种错误观念导致的。叶先生在当时就看到了"所谓国力，不限于有形的经济力量、军事力量等，一般民众的精神和智慧也占着重要的成分"，这也就是我们今天所说的综合国力的竞争，而如果我们的人民都不读书，何谈智慧发展？怎能精神振奋？这些和经济力量、军事力量都具有同样严重的影响。而在广大人民群众中间，最应该养成良好阅读习惯的就是青年，青年时期正是人不断谋求成长和发展的时期，需要更加丰富的知识来充实自己；同时，青年也是我国社会发展的中坚力量，青年强了，我们的国家就一定会日益强盛。阅读习惯的养成不是一朝一夕的，也不是仅仅读几本教科书和讲义就够了的，因此，要养成随时阅读的习惯，必须大量地阅读课外读物，不断开阔视野，寻求进步。

二 课外读物的类别

至于课外读物的类别，依据前面所说的，大致可以分为四类。第一类是各种科目的参考书。……第二类是关于修养的书……第三类是供欣赏的书……第四类是供临时需要的书。……这样分类，并非由书的本身着眼，而是以读书的人如何利用这些书作为依据的。……读一本书的目的虽有所专注，但是读过以后，所受的影响并不限于原来的目的。……我们只能这样认定，为着某个目的去读某一部书，就把某一部书归入哪一类。

叶先生此次演讲的第二个问题是如何给课外读物分类。先生大致将课外读物分为四类，"第一类是各种科目的参考书"，"第二类是关于修养的书"，"第三类是供欣赏的书"，"第四类是供临时需要的书"。第一类书就是所谓课内书籍的补充，可以帮助中学生更好地理解所学科目；第二类书主要是修养身心，如伟人传记等；第三类书主要是供学生赏析，如诗歌、剧本等等；最后一类是指在实际生活中，我们有一些临时的需要，比如马上要去参加一个宴会，需要学习一些社交礼仪，这时，就可以临时找一本社交礼仪书来看。叶先生这样分类是以读书人如何利用书籍为依据的。因此，同样的一本书，如果读书人的用法不同，就可以分为不同的类别。"譬如一部《史记》，如果作为历史科的补充来读，当然属于第一类；如果为了欣赏它的雄健的文笔和生动的描写，就属于第三类了。一部《论语》，如果作为领受儒家的伦理来读，当然属于第二类；如果为了知道《论语》是怎样的一部书，就属于第四类了。"当然，在读书人阅读书籍的过程当中，有很多时候目的并不完全明确，有些时候即使目的明确也可能同时达到其他的目的。比如为了学习历史科去读《史记》，也一定会领略到它的文风，也可能敬仰其中的历史人物，从而达到修养身心的目的。因此，这几大类别互相之间并不是矛盾和孤立的，只是这样做以区分而已。

除了书籍以外，还有许多杂志也属于课外读物。杂志上的文章，大部分可以归入第三类第四类，其中属于第四类的尤其重要。这是因为，杂志上的文章，多半是具有很强的时效性的，对于社会许多的热点问题和突发事件，杂志上都会发表许多文章展开热烈的讨论，这是其他课外书籍不可能做到的，也是杂志最大的优势。杂志中还有很多美文、小说、诗歌等等，那就是属于第三类中的内容了。而属于第一类的，针对某一学科专门进行探讨的杂志，在那时还并不多见，因此先生也在此呼吁出版社能够办一些这类的杂志，以服务于广大中学生。

在这一部分中，由于运用《史记》和《论语》两部古书举例，先生还提到了关于特意为中学生编纂适合他们的课外读物的建议。由于中学生阅读和理解能力的限制，很多古书是他们无法理解消化的，因此，也就限制了他们的阅读。叶先生希望有关部门能够将这些古书加以适当修改，用简洁易懂的文字对其中内容做以介绍，并能够配以一些指导性的文字，引导中学生阅读，那将使他们受益无穷。先生也看到了很多出版社正在朝这个方向努力，感到十分欣喜，认为这是一种很好的现象。

三 课外读物的阅读方法

（一）对于课外读物的态度

叶圣陶先生在第二次演讲中，承接前一次，论述了课外读物的阅读方法。在此之前，他特地强调了教育者对于课外读物的态度问题。

我知道各地的中学，大体上是鼓励学生阅读课外读物的，但是往往指定某些读物必须加以取缔，不准学生阅读；……他们无非要学生思想纯正，感情和平，不为偏激的震荡的东西所扰乱……但是他们不想一想，对于学生来说，最重要的是培养明澈的识别力。……学生要是没有明澈的识别力，你要学生坚持的东西即使都是对的，学生也不明白到底对在哪儿；你要学生回避的东西即使真是要不得的，学生也不明白到底为什么要不得。而取缔某些读物的做法，正剥夺了学生自己锻炼识别力的机会。

在当时各地的中学，对于学生阅读课外读物，大体还是鼓励和支持的，但是却不免对一些课外读物加以限制，某些允许学生读，而某些却严禁学生接触。这些严禁学生接触的文学作品多半是暴露现实的和某些关于政治经济问题的评论。学校采取这种措施，无非是希望学生能够安心学习，稳定情绪，不要被一些偏激震荡的思想所扰乱。然而，学生终究有一天要走入社会，学校不可能永远限制他们接触时事的自由，如果现在学校采取这种做法，将来面临纷杂的社会环境，必定会使学生无所适从。因此，培养学生明澈的识别能力是远比禁止他们读某些书更重要的事。这种明澈的识别能力会使学生明白什么是应该学习和支持的，什么是应该远离和反对的，要学习的须明白它们为什么值得学习，要反对的也要明白它们错在哪里。这种能力一旦具备，将不需要学校再去规定什么禁读书籍，学生就完全有能力去区分和鉴别了。

此外，学校禁止就能禁止住吗？处在青少年时期的中学生具有强烈的好奇心理，越是禁止的东西，越想方设法要看看。在学校里固然是读不成了，可是在社会中却很有可能接触到。学生每天存在于实实在在的社会生活当中，可能不耳濡目染吗？这就更需要明澈的识别能力，这种识别能力可以保护学生的思想不受侵扰。而这种识别能力如何培养呢？正是需要学生大量地阅读各种书籍，学校可以给予学生适当的指导，让他们自己去领悟，只有通过自己的领悟和理解锻炼出来的识别能力，才能使他们终生明辨是非，健康成长。这样做的效果，远比简单粗暴地取缔和禁止某些课外读物要强得多。

学生在阅读课外读物的时候也应该明白，写在书上的东西并不是完全可以信赖的。阅读果然要认真，但是尤其重要的是要抱着批判的态度。

学生对于课外读物的态度也是值得探讨的问题。学生应该抱着怀疑的态度阅读课外书籍，即书上的内容并非就一定是正确的。正所谓"尽信《书》，则不如无书"。学生在阅读的过程当中，应当能够清楚地辨别哪些东西是可以接受的，哪些东西是不能接受的，如果照单全收，不仅起不到应有的阅读效果，还很可能会误导学生。那么，应该如何辨别书中的内容呢？叶先生在这里给出了一种方法,"用'此时''此地'来做标准,大致不会出什么错。凡是跟'此时'和'此地'相适应的,大概是可取的,当然还得经过实践的检验;凡是跟'此时'和'此地'不相适应的,一定是不可取的,至多只可以供谈助而已,决不能作为自己的行动方针和生活目标。"这就是告诉我们,无论是什么样的书籍,都要与当时所处的社会背景相适应,所谓与时俱进,正是此意,如果不能符合时代发展的要求,那么,曾经再好的书籍在时下也不会产生任何作用。

(二)课外阅读的时间

阅读课外读物,首先不能不谈到时间问题。

课外阅读的时间是中学生阅读课外读物的又一重要问题。由于中学课程科目繁多,不仅需要上课,还需要大量的时间进行预习和复习,因此,若要腾出大块时间来阅读课外读物,显然是办不到的。这就涉及到了在第一次演讲时,先生所谈到的要养成随时阅读的习惯。所谓随时阅读,是指充分利用一些零散的时间,不要小看几个小时甚至几分钟,古人说"积土成山,风雨兴焉;积水成渊,蛟龙生焉",就是强调积少成多的重要意义,不仅要利用平时的闲暇时间,而且还要持之以恒,坚持不懈。叶先生为了阐述这一道理,在这里运用一系列数字加以具体说明:"有的书读起来并无困难,一个钟头可以阅读1万字,即使要费点儿心思的,一个钟头也可以读5000字。就以5000字算吧,一本10万字的书,每天读一个钟头,20天就可以读完。20天读一本书,一年不就可以读完18本吗?从初一到高三这六年里年年如此,不就可以读完108本吗?这就很可观了。一年里头还有两个不短的假期,暑假和寒假,都是阅读课外读物的好时机,假如每天读3个钟头,这不算太多吧,两个假期合起来作为8个星期计算,就有168个钟头,至少可读完8本书,6年又是48本。所以时间并不是不充裕,只要坚持不懈,成绩是很可观的。"这一段话以生动的实际数据说话,让中学生直观地感受到了积累和持之以恒的重要性,可谓用心良苦。

（三）课外阅读的方法

　　读第一类和第四类读物，目的只求理解。只要读过之后，能通体理解书中所说的内容就可以了。……阅读第二类和第三类读物，可不能但求理解。读第二类书，目的在于修养身心，是要躬行实践的。读第三类书，目的在于跟着作者的眼光去观察社会，体会人生。所以阅读这两类书，不但要理解书中的内容，还要对作者有充分的认识。

　　在前一次的演讲中，叶先生将课外读物分为了四类，而分类的依据是读书者阅读的目的，正是由于存在这样的不同，各类书籍的阅读方法也就不尽相同。比如第一类和第四类读物，即各科的参考书和供临时需要的书，这两类书籍只需理解即可。对于第一类书籍，由于我们在课堂上已经学习到了相关知识，只是加以补充和完善，因此，只要能理解书中所表达的意思即可；对于第四类书籍，我们阅读它们只是为了解决临时遇到的问题，只要阅读达到了这个目的即可，至于与书籍作者相关的介绍以及写作意义等，自然无需深究。尽管如此，对于这两类书籍的阅读也仍然要力求准确，必须正确理解每一句话甚至每一个词语的意义，不能歪曲和误解，否则将有碍于读这些书的初衷。

　　阅读第二类和第三类读物，即关于修养方面的和供欣赏的读物，则不能但求理解，更需深入体会。因此，在阅读这两类读物的过程当中，中学生不仅应该对书的内容细细咀嚼、反复体会，同时应该对作者有充分的了解和认识。读一本书，就像是同其作者交了朋友，书为媒，与作者心心相通。由于只通过一本书所理解的作者必然是片面的，因此还需要拓展阅读，进一步熟悉作者。尤其是对于一些传记类的读物和记录作者言行的读物，不仅要了解他生活的时代背景、重要成就，还要了解他对于生活的态度、对很多问题独到的见解，只有这样全面地了解作者和他们所描写的著名人物等等，才能真正达到修养身心和自身发展的目的。正是由于这两类书需如此品味，因此往往阅读一遍是不足以达到效果的。必须经过反复阅读，"温故而知新"，有些瑰宝似的作品，甚至可以作为终生的勉励，随时阅读，而且每一次都有新的收获。

　　课外读物有难有易，有的书可能非常简单易懂，有的书则可能比较晦涩。但是无论如何，都不能走马观花，必定要集中心思、细细品味。其次，不宜通篇略读，应该逐段进行，以便及时消化理解，对于第二类和第三类的读物，尤其要如此，防止囫囵吞枣，不识其中滋味。第三，要养成做读书笔记的好习惯。在阅读书籍时，想到什么，随时写下来。我们在看书时产生的想法往往稍纵即逝，只有落在纸上，才能进行更深入的思考；此外，思绪常常是有些凌乱的，而写下来的东西便会有些条理了，也有益于督促自己认真阅读。叶先生在此还特意提到了读物当中序文的应用。

大多数书的前头都有序文，序文有的介绍这本书的内容，有的介绍这本书的作者，有的指导这本书的读法。在读本文之前，先读一遍序文，也可以达到"事半功倍"的效果。

（四）工具书的应用

工具书是不开口的顾问，会回答你的各种疑难；工具书又是包罗万象的博物馆，能让你查考各种想知道的事情。

工具书，顾名思义，是辅助阅读的重要工具。在平时的阅读当中，时刻需要工具书的帮助。我们想要知道某个词语的含义，就必须查阅相应的词典；想要了解一个地方准确的地理位置，就必须查看地图；想要知晓某个历史人物的主要经历、某个历史事件的进程，就要翻查年谱和大事表；想要看到各种东西的样态，就离不开各种图谱。前文提到过，阅读是伴随一个人终生的，我们不可能永远有教师的指导、长者的帮助，但是我们却可以随时查阅各种工具书，在工具书中寻求各种问题的解答。当然，我们不可能个人储备所有工具书，因此，要充分利用图书馆里的资源。在养成阅读课外读物的好习惯的同时，善于使用工具书是又一个可以受益无穷的好习惯。

在两次演讲的最后，叶圣陶先生自谦地请各位教师对自己的演讲加以修改和补充，体现了教育大师为人谦和、博采众长的人格魅力。

【见仁见智】

本文着重探讨了中学生如何进行课外阅读的问题。整篇文章一气呵成,全面而具体,细致而深入,语言简明扼要,既易于理解,又发人深省。从叶先生对于课外读物的态度中,我们可以仰望他高瞻远瞩的见识;从叶先生对于阅读时间的分析中,我们可以感受他坚持不懈的精神;从叶先生对于课外读物的分类中,我们可以体会他缜密分析的智慧;从叶先生呼吁出版社为中学生编纂自己的读物中,我们可以解读他对教育孜孜不倦的追求……阅读先生的文章,我们如同与圣人交谈,感慨颇多,受益无限。由此我们可以想象,在当时聆听先生教诲的中学生中间,一定会涌现出大批在今后的社会发展中做出重要贡献的风云人物。我们更加希望,重温经典,可以使当今的青少年茁壮成长,成为社会的中流砥柱。

名著之五：《变相的语文教学》

【初映眼帘】

《变相的语文教学》是叶圣陶先生于1941年针对当时的学校课程问题所作。所谓"变相的语文教学"是叶先生对于当时学校课程的一种批评式说法。是指在当时的学校课程中，几乎所有的学科教学都只是依靠书本上的文字讲解，教师机械地按照教科书和讲义或朗读或抄在黑板上，学生机械地或背诵或记在笔记中，教学方法均如在国文课上一般，只不过是学习的内容不同而已的一种现象。整个教学过程枯燥乏味，不能引起学生的任何兴趣，而且照本宣科，对于学生将来的生活也不会有多大帮助。教师把学生当成"瓶子"，只管灌输，完全以自我为主体，忽略了学生的主观能动性，这是教学的一大误区。叶先生认为，教育事业关系到国家和民族的兴衰成败，要想培养出国家建设的栋梁之材，靠这样的教育显然是不行的。文章体现了叶先生对于建立以学生为主体、理论与实践相结合的理想教学模式的倡导，同时也表达了先生心系教育、心系国家的高尚情怀。

【丝分缕解】

有人说现在中学课程太多，五花八门，使学生应接不暇。我说现在中学课程并不多，除了英文，只有一门，便是国文。从中学往下，小学的课程似乎也不少；然而也只有一门，便是国语。从中学往上，大学的课程真可谓五花八门了；然而除了英文以及第二外国语，也只有一门，便是国文。

在文章开篇，叶先生直入主题，提到了学校课程问题。紧接着就直言不讳地提出了自己的想法：尽管现在无论中小学，还是大学的课程，虽然看起来五

43

花八门、种类繁多，但其实中小学的课程就只有国文一门，大学也同样如此。学校中明明有各种课程，先生为什么要这么说呢？面对众人的质疑，先生在下文中运用举例的方法加以说明，分别从小学、中学以及大学的课程中各举一例：

首先是小学的自然课。在教科书上学生可以看到这样的句子"常绿树是四季常绿的，落叶树是秋冬落叶的"。紧接着，教师便要对这句子当中的词语逐个进行解释，"'常'是什么意思，'绿'是什么意思，'落'是什么意思，'四季'是什么意思，'秋冬'是什么意思，一一说明，不厌其详；然后贯串起来说：'一年四季总是生着绿叶子的那种树，叫作常绿树；到了秋天或冬天落掉叶子的那种树，叫作落叶树。'的铃……的铃……下课了。"

再说中学的劳作课。在课堂伊始师生互相问好后，教师便转过身去，按照手中的讲义在黑板上写字，先是标题，再写下一段文字，诸如标题为"书架子的材料"，即可写下"木与竹都可以做书架子，从价值方面说，竹比木便宜"，等等，写完了一段，再写第二段，还没有写完，下课铃便响了，教师随即说："今天来不及讲了，下一回再给你们讲吧。"

又如大学中的教育学课。"教师先在黑板上抄了满板的英文，教学生抄在笔记本上；然后用国语讲解这满板的英文，教学生记录在笔记本上；待学生记录完毕，便抹掉第一板，再抄第二板。在第三板还没有抹掉的时候，下课铃声就由远而近，渐渐地清朗起来了。"

以上三个例子生动、直观地表现了当时课堂教学的具体情况。教师如此教，那么学生除了机械地听，就是机械地抄写老师在黑板上写下的内容，这就是他们所需要做的全部工作。无论是什么科目，自然科学也好，社会科学也好，其教学方法均与国文课堂上一般无二，难怪先生要说，所有课程也不过只有一门，那就是国文。其实，纵使是在国文课堂上，教授方法也是多种多样，绝不仅仅局限于如此刻板机械地讲解和记忆，为了在课堂上学到的知识能够终生受益，学生必须要做预习、讨论、实际训练等等工作，因此，那种简单机械的教学方法是断断不可取的。而在当时的语文教学当中，如先生在《"瓶子"观点》一文中提到的一样，多数教师将学生视作"瓶子"，一味地机械灌输，既省时又省力，却不知这种方法贻害无穷。语文教学是这样的情形，先生又说所谓五花八门的课程无非都是"变相的语文教学"，那么，当时各科教学的情形就可想而知了。

他们认为一切的知识与技能，非通过文字无法授予；一切的训练和陶冶，非通过文字无法着手。所以必须有书为凭，给学生讲明文句，实做"教书"。……从这种认识推想开来，自然见得教学的对象是书本，而不是具体的事物；"为学"两字并不包含广多的意义，不过等于"读书"而已。……在这样的教学情形之下当学生，虽然科目繁多，样样都要学习，其实却是简单不过的事儿。

教师何以会采取如此机械刻板的方法呢？是因为在他们看来，无论要学习什么知识或技能，必须要通过书本和文字来学习，脱离了书本和文字，便无法进行教学。而他们只要把书本上的文字知识讲解给学生，抄录给学生，自然也就是尽到了教授的本分，学生也自然会接受和掌握。从这种错误的认识出发，本该作为教学对象的具体事物和技能就变成了简单的书本上的文字材料。教师的工作只有一样，便是"教书"，学生的工作也自然就是"读书"了，除此之外，无论是生活观察还是实践，在他们眼中，都是毫无意义的。这样的教学方法之下，学生无论学习多少科目，都只秉着一种方法，即带耳朵去听，带笔去记就可以了，至于搜集资料、探索学习等等工作，都是不需要完成的。这种学习无疑是"轻松自在"的。而这暂时的所谓"轻松自在"恰恰是有百害而无一利的。

有一天，学生离开了学校，离开了老师的讲解，不得不开始用自己的心与力，跟当前的事物打交道。当发现树叶怎样发芽、果实怎样长成的时候，他们惊奇着造化的神妙，感到莫大的快慰。当悟出某一种自然势力怎样推移、某一项历史事物怎样演变的时候，他们欣赏着自己的成功，怀有与物理学家、史学家同等的骄傲。尤其做专门研究、做实际事物，起初茫无头绪，暗中摸索，忽然望见一线光明在前面闪耀的时候，他们那欢喜与满足宛如见了宇宙全部的奥秘，不禁要跳起来喊道："从今以后，可以安身立命了！"但是他们的记忆力如果不太坏，总有时候会想起学生时代的种种；只要一想起，他们便会爽然若失。原来他们的快慰、骄傲、欢喜和满足，本该在学生时代早就享受的,现在却拖到多少年后才享受,还值得高兴吗? 只有自认倒霉的份儿罢了。

　　这段话清楚地阐明了这种机械的教学方法对学生的消极影响。在学生时期,本来可以通过观察、研究、讨论、试验、实习等多种途径来学习知识,在掌握知识和技能的同时体味大千世界带来的乐趣。然而,由于教师只一味采取"教书"的呆板教学方法,把学生限制在书本之中、课堂之内,无异于剥夺了学生研究科学、探索生命的乐趣。当他们有一天脱离了学校和教师的束缚,开始尝试自己探索知识并从中收获无限乐趣之后,他们便不由得会感叹自己在学校时期的青春时光完全是荒废了。这段文字将学校教育的悲剧淋漓尽致地展现在世人眼前,向广大教育工作者敲响了警钟。

　　教师本位,与学生本位;一切的授受必须通过文字,与可能与事物直接打交道就直接打交道;专教学生听讲变相的语文功课,与多数学生做搜集、观察、比较、综合、试验、实习等工作:这些是旧教育与新教育分界的标志。依通常说,新的不一定就是好的,所以舍旧趋新也未必是天经地义。可是在"教育"的高头加上了"新"字,而且要大吹大擂把这种"新"的教育"兴"起来,必然是旧的教育有了毛病,新的教育值得仰慕。……现在大家看重教育,复兴民族和建设国家的重担子放在教育的肩膀上,这是不错的。不过有一个根本条件,教育必须真是"新"的才行。

　　在文章的最后,先生对新旧教育进行了对比,并由此表达了对教育改革的强烈期望。学生本位、灵活运用多种教学手法等等均是新教育的"新"处所在,而之所以要变革旧的教育制度,正是因为旧教育已经出现了如前文中提到的诸多弊端。在那个急需复兴民族和建设国家的大时代背景下,教育的作用被许多专家所看重,而只有新的教育才能满足社会的需求,完成历史赋予教育的重任。

　　【见仁见智】
　　在《变相的语文教学》一文中,先生首先举例具体描述了当时课堂教学的场景，进而剖析了教师对教学的错误认识，并阐述了由此导致的对学生的消极影响，将现有旧教育的弊端在读者面前展露无遗。先生的语言委婉而又直接，表现方法形象具体，对种种细节的描述处处表达了对机械刻板的教育教学方法的批判。在文章的结尾处，先生恳切地提出了对教育改革的企盼以及对教育能够完成社会赋予的历史使命的期望，表达了先生对教育事业的无比热爱之情。先生的文章可谓一针见血，警醒了当时的教育工作者，今日重温经典，也不禁引起了我们对当今教育的思考。在教育事业蓬勃发展的今天，我们希望广大教育工作者能够以史为鉴，时刻思考自己的教育教学理念和方法，避免重蹈覆辙。教育事业关系到国家的未来，希望我们的教育能够造就祖国的栋梁、民族的希望，实现其应有的社会价值。

名著之六：《如果我当教师》

【初映眼帘】

《如果我当教师》一文发表于1941年8月23日，但从开篇作者的介绍来看，文章是写于教师节，叶圣陶先生由教师节这一特殊的日子有感而发，以第一人称的口吻，用"如果我当教师"的假设，发表了自己对于如何为师的观点。文章分别从小学教师、中学教师、大学教师的角度，从师生关系及教师和家长的关系、教学方法和教学手段、教师精神和教育理念、教育目标和教育价值等多方面全面而系统地阐述了作为一名教师的责任和艺术，对教师个人的发展以及整个教育事业的振兴都影响深远、意义重大。时至今日，我们重读此文，依然感慨万千，叶先生对于当时教师所提出的勉励和殷切期望，也仍然适用于当今的教育事业。

【丝分缕解】

在文章的开篇，叶圣陶先生便指出了文章的写作目的，即希望在教师节之际，勉励和鞭策自己，为以后的职业生涯提供一些可资借鉴的思考。接下来，叶先生分别从小学教师、中学教师、大学教师的角度进行了思考。

一 "我如果当小学教师"

（一）关于师生关系

如果我当小学教师，决不将投到学校里来的儿童认作讨厌的小家伙，惹人心烦的小魔王；无论聪明的、愚蠢的、干净的、肮脏的，我都要称他们为"小朋友"，那不是假意殷勤，仅仅浮在嘴唇边，油腔滑调地喊一声；而是出于忠诚，真心认他们做朋友，真心要他们做朋友的亲切表示。

针对当时很多教师对待学生的称呼和态度问题，叶先生首先提出了自己的观点，即决不把学生当作"讨厌的小家伙、惹人心烦的小魔王"，无论学生的外貌如何、智力水平如何、惹人喜爱的程度如何，都要称他们为"小朋友"。叶先生这里说的"小朋友"和我们现在的理解不尽相同，现在我们多称呼年幼的孩子为"小朋友"，而先生这里说的是真正意义上的年龄小一点的"朋友"。先生强调的是一种和谐平等的师生关系，是要求教师真正以学生为友，以诚相待，把他们看成是和自己平等的人，营造友好的氛围。不仅如此，先生还认为，要想真正和学生成为朋友，就要设身处地地为他们着想，真心地为小朋友的成长和进步感到喜悦，为他们的羸弱和拙钝表示忧虑，并想办法帮助他们取得不断的进步，克服自身弱点。这种融洽的师生关系一旦形成，必然极大地有利于教育工作的开展。

（二）关于习惯的养成

我将特别注意，养成小朋友的好习惯。我想"教育"这个词儿，往精深的方面说，一些专家可以写成巨大的著作，可是就粗浅方面说，"养成好习惯"一句话也就说明了它的含义。

叶圣陶先生在文章中用浓重的笔墨着重说明了习惯养成对于教育的重要性。叶先生认为，教育，往深了说，博大精深，包罗万象；可是如果简而言之，可以用"养成好习惯"一句话来说明。习惯的养成对于一个人的一生起着至关重要的作用，凡事贵在持恒，再好的行为，偶一为之，则不足以受用；再博大的知识，仅仅停留在语言上，也不足以理解。所有的一切都必须转化成长久的习惯，才能发挥作用。叶先生认为，习惯的养成是从小事做起的，对待小事也要极其认真，马虎不得。先生在文章中举例说明了这一观点："譬如门窗的开关，我要教他们轻轻的……直到他们随时随地开关门窗总是轻轻的，才认为一种好习惯养成了。又如蔬菜的种植，我要教他们经心着意地做……直到他们随时随地种植植物，总是这样经心着意，才认为又养成了一种好习惯。"在微小的事物上养成了这些好习惯，可以逐渐推广到社会和生活中的各种事物当中去，今后无论这些学生再做任何一件事，都会尽心尽力，决不会因贪图省事而敷衍塞责。

我当然要教小朋友识字读书，可是我不把教识字教读书认作终极的目的。我要从这方面养成小朋友语言的好习惯。有一派心理学者说，思想是不出声的语言，所以语言的好习惯也就是思想的好习惯。……教识字教读书只是手段，养成他们语言的好习惯，也就是思想的好习惯，才是终极的目的。

叶先生把教学生读书写字的过程也看成是帮助他们养成语言的好习惯的过程。他认为，"语言的好习惯也就是思想的好习惯"。小到一个词语，大到一首诗歌、一篇文章，我们学习它们，并不简单是要认识它们，更重要的是要学会在什么场合使用它们是适合的。教授和认识的过程只是教育的一种手段，而教育所要达到的终极目的应该是养成学生语言的好习惯，也就是思想的好习惯。同时，先生还认为，很多教师所采用的让学生"齐声合唱"课文的做法是毫无意义的，这只是"机械运动"，如果学生不能深刻理解这些文章的意义并将它们运用到合适的场合当中，那么，一切都是徒劳。

（三）关于"课本"

我相信课本是一种工具或凭借，但不是唯一的工具或凭借。许多功课都是不一定要利用课本，也可以说，文字的课本以外还有非文字的课本……

叶先生在文章中表达了他对课本的态度。他认为，课本确实是一种教育的工具和手段，但绝不应该是唯一的工具和手段。在先生看来，狭义的，即文字的课本固然有用，然而，对学生帮助更大的却是"非文字的课本"，即学校生活和社会生活中实实在在的事情，这些生活实际随时都可以供我们来学习、利用，远比狭隘的文字课本有用得多。因此，先生说："非文字的课本，真是取之不尽、用之不竭"。叶圣陶先生认为，就算是最需要文字课本的国文教育，只要"我有黑板和粉笔，小朋友还买得到纸和笔，也就没有什么关系"。由此可见，文字课本的作用实在是微乎其微，学生更应该从生活实际当中寻求知识，在实实在在的经验当中不断学习、成长。

（四）关于"体罚"

小朋友顽皮的时候，或者做功课显得很愚笨的时候，我决不举起手来，在他们的身体上打一下。……这一下不只是打了他们的身体，同时也打了他们的自尊心。

叶先生对体罚是持完全否定的态度的，在他看来，如果教师打了学生，学生身体上的疼痛甚至红肿最多几天即可消失，似乎没有多大问题。然而，这种影响绝不仅仅是身体上的，更是心灵上的。身体上的疼痛感很容易消失，可心灵上的伤害却影响深远，这种行为将严重伤害学生的自尊心，对他们的成长将极为不利。同时，先生还认为，在实施体罚的过程当中，教师的形象一定是很差的，不仅举止很粗暴，而且面目也一定是狰狞的，令人厌恶。这也将大大影响教师在学生心目当中树立起来的形象，而且今后也将很难改变。先生认为，正确对待小学生所犯错误的态度应该是"从观察和剖析中找出缘由，加以对症的治疗"，这样，学生的错误将得到及时的改正，这才是教师应当追寻的正确的解决问题的方法。

（五）关于教师与家长的关系

我还要做小朋友家属的朋友，对他们的亲切和忠诚和对小朋友一般无二。

先生特意强调了要和小朋友的家长建立友好的关系，这是因为，先生充分意识到了家庭教育对于一个人的影响。学生在家和家长相处的时间要远远长于在学校和教师相处的时间，因此，教师的很多教育方法必须得到家长的认可和配合。如果学校和家庭教育不一致，必然会使学生感到迷茫，不知所措，那么，无论是学校教育还是家庭教育都达不到良好的效果。至于如何才能和学生的家庭成员达成一致，叶先生本着大爱的精神，秉承"人不独亲其亲，不独子其子"的传统，认为只要是以诚相待，让家长深刻感觉到教师是真正为了小朋友好，即为了他们的亲人好，那么，他们自然也就会赞同和支持了。

二 "我如果当中学教师"

（一）"教书"与教育

我如果当中学教师，决不将我的行业叫作"教书"，犹如我决不将学生入学校的事情叫作"读书"一个样。书中积蓄着古人和今人的经验，固然是学生所需要的；但是就学生方面说，重要的在于消化那些经验成为自身的经验，说成"读书"，便把这个意思抹杀了，好像入学校只须做一些书本上的工夫。因此，说成"教书"，也便把我当教师的意义抹杀了……若有人问我干什么，我的回答将是"帮助学生得到做人做事的经验"；我决不说"教书"。

正如叶先生在《读书与受教育》一文中所阐述的观点一样，他认为，教育绝不仅仅是"教书"，因此先生说绝不将自己的职业称之为"教书"。先生尽管肯定了书籍的作用，但是，学生读书的目的最终在于将这些知识运用到实践当中，为实际生活服务，因此，如果简单地把学生学习的过程称之为"读书"，自然是狭隘了；同样道理，如今的教师绝不像从前书房里的老先生们那样，仅仅以教会学生诵读那些经典，从而参加科举考试、博取功名为目的，而应该是教会学生做人做事的方法和道理，使他们更好地实现个人价值和社会价值，如果把教师的这种教育狭隘地称为"教书"，则抹杀了教师教育的意义。同时，叶先生还认为，"因为用了'教'字，便表示我有这么一套本领，双手授予学生的意思；而我的做人做事的本领，能够说已经完整无缺了吗……我比学生，不过年纪长一点儿，经验多一点儿罢了"。这显然是先生的自谦，但同时也向我们揭示了一个深刻的道理，那就是，作为教师，对学生应该起到引导和提示的作用，以达到使他们在生活中少走弯路的目的，而不是简单地将自己所掌握的东西全盘灌输给学生。叶先生最后对中学教师的作用做出了极为准确的概括，即"帮助学生得到做人做事的经验"。

（二）为人师表

我不想把"忠""孝""仁""爱"等等抽象德目向学生的头脑里死灌。……为了使学生存心和表现切合着某种德目，而且切合得纯任自然，毫不勉强，我的办法是在一件一件事情上，使学生养成好习惯。譬如举行扫除或筹备什么会之类，我自己奋力参加，同时使学生也要奋力参加。……为什么我要和他们一样做呢？第一，我听从良心的第一个命令，本应当"忠"；第二，这样做才算是指示方法，提供实例，对于学生尽了帮助他们的责任。

叶先生认为，无论是对学生进行哪方面的教育，教师都应该为人师表，以自身的榜样力量感染、教育学生，而不是简单地向他们灌输某一种知识和行为。比如"忠、孝、仁、爱"等抽象概念，学生做出这方面的行为，都应该是自然而然地、发自内心地为之，而不是因为有这样的课程才做这样的事情。如果学生只是因为学习了"忠"而"忠"，那么，这种行为也不是发自内心的，而是有意而为之了。因此，若要将这些抽象的概念化作学生自然而然而为的行动，教师必须在一件件事情上，使他们养成良好的习惯。在这种习惯的养成中，教师的榜样作用显得尤为重要。教师为什么要做到如此呢？首先在于他们发自内心地认为应该这样做，其次则在于以亲身经验指导学生，为他们起到示范和表率的作用。

我认为自己是与学生同样的人，我所过的是与学生同样的生活；凡希望学生去实践的，我自己一定实践；凡劝诫学生不要做的，我自己一定不做。

叶先生还指出，教师应当把自己看成是与学生同样的人，凡是要求学生做到的，自己首先应该做到；凡是告诫学生不要做的事情，自己也一定不要去做。绝对不以任何借口搞特殊，要求学生而自己却做不到。即"有诸己而后求诸人，无诸己而后非诸人"。只有这样，教师在要求学生的时候才有底气，说起话来也才有分量，这也就验证了著名教育家孔子的名言："其身正，不令而行；其身不正，虽令不从"。叶先生深刻意识到了教师的榜样作用对于学生的影响之大，同时对自己严格要求，认真地履行着一名教师的职责，这是十分值得所有教育工作者学习的。

（三）实实在在做事

叶圣陶先生还教育学生要实实在在做事，不要做有名无实的事，做表面文章。比如"设立了学生自治会了，组织学艺研究社了，通过了章程，推举了职员，以后就别无下文，与没有那些会和社的时候一个样：这便是有名无实。创办图书馆了，经营种植园了，一阵高兴之后，图书馆里只有七零八落几本书，种植园里蔓草丛生……，这便是有名无实"。先生认为，这种事情做了还不如不做。长此以往，将养成不好的习惯，做什么事情都只做表面文章，那么，任何事情便都没有成功的可能了。既然要做事情，就必须认认真真、实实在在地去做。无论是组织自治会还是研究社，无论办图书馆还是种植园，开始了就必须把每样细节都落到实处，丝毫不能放松，并且将这些长期、永久地办下去，使他们真正为学生的实际生活服务，这样才能算是名副其实了，也只有这样，久而久之，学生才能够养成良好的习惯。

（四）关于教育目标

我无论担任哪一门功课，自然要认清那门功课的目标，……同时我不忘记各种功课有个总目标，那就是"教育"——造成健全的公民。每一种功课犹如车轮上的一根"辐"，许多的"辐"必须集中在"教育"的"轴"上，才能成为把国家民族推向前进的整个"轮子"。

认清教育目标对于教师来说也显得尤为重要。无论是教授哪一科的教师，在清楚自己所教科目的课程目标之前首先应该铭记教育事业的总体目标，即"造成健全的公民"。叶先生在此做了一个生动的比喻，他把每一门功课都比喻成一个车轮上的一根"辐"，教育即是"轴"，只有所有的"辐"都集中在"轴"上，"才能成为把国家民族推向前进的整个'轮子'"。教育应该是为了实际生活而服务的，学生最终所应达到的目标应该是综合运用所学的知识进行社会生活，而生活本来就是不分科目的，分科只是一种教育手段和方式，因此，教师不能只顾分科而不顾整体，不应只了解了自己所教科目的目标而却忘却了最为重要的总体目标。否则，就将舍本逐末，只顾自己科目的教育而背离了教育的最终价值。

（五）如何教学

我无论担任哪一门功课，决不专做讲解工作……就是国文课，也得让学生自己试读试讲，求知文章的意义，揣摩文章的法则；因为他们一辈子要读书看报，必须单枪匹马、无所依傍才行，国文教师决不能一辈子伴着他们，给他们讲解书报。国文教师的工作只是待他们自己尝试之后，领导他们共同讨论：他们如有错误，给他们纠正；他们如有遗漏，给他们补充；他们不能分析或综合，替他们分析或综合。这样，他们才像学步的幼孩一样，渐渐能够自己走路，不需要别人搀扶；国文尚且如此，其他功课可想而知。

对于教学方法，叶圣陶先生认为，教学过程应该是指导学生掌握知识的过程，而绝不是一味地灌输知识的过程。在整个教学过程中，学生自己的体会和理解应该是主体。先生以国文课为例，说明了教师应采用的教学方法。国文课是所有课程当中最依赖教师教授的课程，尽管如此，学生学习国文的最终目的是为了今后要独立地读书、学习，而教师不可能永远跟着他们，因此，教师应该有意识地培养他们自我学习的能力，当他们遇到问题时，再进行讲解；当他们犯错误时,再协助他们改正;当他们不能很好地总结时,帮他们进行分析和总结。如此这般,他们最终才能摆脱对教师和他人的依赖,养成独立学习的良好习惯。反之,如果教师仅仅是照本宣科,不仅对学生来说毫无用处,而且必然引起他们的厌烦情绪。学生厌倦了教师的长篇大论,却还不得不坐在那佯装认真听讲,这在叶先生看来是"残酷的","无异于摧残他们的心思活动的机能"。国文课尚且如此,更何况是其他学科。因此,教师应该在教学过程当中,有意识地使学生主动参与到教学活动中来,处于教学活动的主动地位,这样不仅有利于充分调动他们的学习积极性,还可以让他们真正把知识变成自己的东西。

三 "我如果当大学教师"

(一)"教书"与教育

叶先生在谈到大学教育的时候,又重谈了关于教育与"教书"之间的关系。作为大学生,他们已经能够独立阅读书籍了,因此,就更加不需要"教书"。如果大学教师进入课堂去照本宣科,灌输知识,那就更是费时费力、毫无意义的事情。先生认为,一名大学教师,对于自己所教授的课程,多少要有一些自己的心得和体会,在教学的过程当中,将这种心得体会与学生分享。不仅如此,先生还指出,要让学生之间分享他们各自的心得体会,师生之间、同学之间不断沟通和交流,探讨和研究,这样才会日益积累,日益进步。此时再谈大学教师的作用,先生认为应该是"帮助学生为学"。

(二)毫无保留的教学精神

据说以前的拳教师教授徒弟,往往藏过一手,不肯尽其所有的拿出来;其意在保持自己的优势,徒弟无论如何高明,总之比我少一手。我不想效学那种拳教师,决不藏过我的一手。我的探讨走的什么途径,我的研究用的什么方法,我将把途径和方法在学生面前尽量公开。……我如果看见了冷僻的书或是收集了难得的材料,我决不讳莫如深,决不提起,只是偷偷地写我的学术论文。……将书或材料认为私有的东西，侥幸于自己的"有"，欣幸于别人的"没有"，这实在是一种卑劣心理，我的心理，自问还不至这么卑劣。

在探讨教师应该以何种心理教学时，叶先生举了以前的拳教师的例子。这种师傅显然是有所保留的，而叶先生明确表态说不想效学那种拳教师。先生看来，为人师者应该将自己毕生所学毫无保留地贡献给学生，无论是自己开辟发现的方法还是收集查阅到的珍稀资料，先生都愿意与别人分享，当然更包括自己的学生。先生甚至认为，那种有所保留的人的心理是极其卑劣的。其实，古话中早有"教会徒弟，饿死师傅"的谚语，因此，在很多行业中，做徒弟的都是偷艺，做师傅的多半有所保留。而如叶圣陶先生这般，愿意将毕生所学与他人共享、毫不保留、竭尽全力地教导学生的教师，可谓是凤毛麟角，一代教育大师的伟大奉献精神由此一目了然。

（三）解放思想，开阔眼界

我不想用禁遏的方法，板起脸来对学生说，什么思想不许接触，什么书籍不许阅读。不许接触，偏要接触，不许阅读，偏要阅读，这是人之常情，尤其在青年。禁遏终于不能禁遏，何必多此一举？并且，大学里的功夫既是"为学"，既是"研究"，作为研究对象的材料是越多越好；如果排斥其中的一部分，岂不是舍广博而趋狭小？……学生在研究之中锻炼他们的辨别力和判断力，从而得到结论，凡真是要不得的，他们必将会直指为要不得。这就不禁遏而自禁遏了；其效果比一味禁遏来得切实。

在培养大学生的过程当中，叶先生认为，绝不能禁锢和束缚他们的思想，规定他们什么思想不许接触，什么书籍不许阅读，这样只能引起青年学生的逆反心理，"不许接触，偏要接触，不许阅读，偏要阅读"，除此之外，毫无帮助。先生认为，大学重在"为学"，既然是研究学问，那么，研究的知识面就是越宽越好，从这个角度上看，不仅不应该束缚学生的思想，反倒应该鼓励他们解放思想，帮助他们开阔眼界。比如在化学实验室当中，我们不能因为有些物质有毒就不去研究它们，而恰恰是因为它们有毒，才更要加以分析，得到正确的认识。教师要做的是通过帮助学生涉猎广泛的知识而锻炼他们的判断力和鉴别力，这种鉴别力一旦形成，则不需要教师去禁锢和束缚，他们自然会自觉远离那些错误的思想和知识。教师不可能一生指导学生去判断什么是有益的，什么是有害的，而这种鉴别能力却可以一直伴随他们，使其终生受益。

（四）再谈师生关系

我要做学生的朋友，我要学生做我的朋友。

叶先生所倡导的大学当中的师生关系仍然是与学生为友。而与小学教师不同，由于大学生已是成人，作为教师，要了解和掌握他们的性情和习惯，同时也要让学生了解自己的性情和习惯，这些看似和教学无关，实际上却影响重大。教师和学生若要成为真正的朋友，必须建立在相互了解的基础之上，不仅要在课堂上和学生接触，在课外更应该和他们建立亲密的师生关系。教师对于学生的态度应该是亲切友好的，无论学生提出什么样的问题，无论是深是浅，教师都应该予以最大程度的尊重，只有教师做到了尊重学生，亲近学生，学生才能真正视教师为良师益友，进而乐于和教师共同探讨和研究学问。

（五）再谈教育目标

在谈到大学教育时，先生再次强调了教育目标的重要性。作为一名大学教师，同样不能忘记教育的总目标——"造成健全的公民"。无论是担任哪一科的教师，首先都应该铭记这一目标。作为一名教师，决不是简单地教授自己所承担的课程，更重要的是引导学生如何成为健全的公民。这里又要谈到榜样的力量，作为教师，必须要做到以身作则、为人师表。时刻以健全公民的标准来要求自己，时刻以一名合格的大学教师的标准来要求自己。作为一名教师，他的行为对于学生的影响"是无形的，却是深刻的"。学生对于教师敬重与否，不在于他怎样引导学生敬重自己，而在于他的言行能否赢得学生的敬重。作为一名教师, 严于律己的意义也绝不仅仅在于赢得学生的敬重, 满足自己的虚荣心, 而在于教育最终的远大目标, 只有这样, 才算是尽到了作为一名教师的责任。

　　无论当小学、中学或大学的教师, 我要时时记着, 在我面前的学生都是准备参加建国事业的人。建国事业有大有小, 但样样都是必需的; 在必需这个条件上, 大事业小事业彼此平等。而要建国成功, 必需参加各种事业的人个个够格, 真个能够干他的事业。因此, 当一班学生毕业的时候, 我要逐个逐个地审量一下: 甲够格吗? 乙够格吗? 丙够格吗? ……如果答案全是肯定的, 我才对自己感到满意: 因为我帮助学生总算没有错儿, 我对于建国事业也贡献了我的心力。
　　我决不"外慕徙业", 可是我也希望精神和物质的环境能使我安于其业。安排这样的环境, 虽不能说全不是我所能为力, 但大部分属于社会国家方面; 因此我就不说了。

　　在文章的最后, 叶圣陶先生恳切地再一次重申了作为一名教师的责任之重大、影响之深远。无论是哪个教育阶段的教师, 他们所面对的都是"准备参加建国事业的人", 而建国事业尽管有大有小, 却同样重要, 因此要求每个人都必须具备干事业的能力, 这种能力则要靠教育事业、靠广大教师去培养。教育事业是不可再造的事业, 培养出来的人又是直接关系到国家民族兴衰成败的建设者, 因此, 当学生毕业的时候, 如果可以说个个是够格的, 那么也就可以说, 这个教师是够格的、成功的, 作为教师也对国家和民族做出了自己的贡献, 反之, 则不能被称为是一名合格的教师。最后, 叶圣陶先生又对社会的精神和物质环境含蓄地提出了期望, 即"希望精神和物质的环境能使我安于其业", 教育事业终究不是孤立的, 教师也是生活在社会群体当中的, 因此, 社会物质和精神环境也影响着教育事业和教师职业的发展。尽管先生并未多言, 我们也可以从中感悟到先生对于教育事业发展的殷切期望。

【见仁见智】
　　对于该"如何为师"这一命题, 自古至今曾引发过无数探讨, 但像叶圣陶先生这般全面而丰富、细致而深入地阐述教师的职责以及教学方法等的论著可谓凤毛麟角。文章几乎涉及到了为师的各个方面，为所有为人师表者提供了一面镜子，足以正己。在感叹于叶先生对于教师这一职业如此深刻的理解的同时，我们更加慨叹于叶先生伟大的奉献精神，为人师表、楷模的高尚情操。在几十年前叶先生所提出的教师理念、教师标准，是当今社会的许多教师仍然所不能及的。读罢此文，我们不仅能学习到叶先生丰富的教育理论，更能亲身体会到他宽广的胸襟和伟大的情怀，而这些精神财富正是先生留给后人最瑰丽、最值得珍惜的宝藏，让我们秉承教育大师的光荣传统，将教育事业不断推向新的巅峰。

名著之七:《革除传统的教育精神》

【初映眼帘】

《革除传统的教育精神》成文于1945年初,时值抗日战争末期,中国在那时仍然处在较为混乱的局面当中。叶圣陶先生当时在开明书店主持编辑工作。此时,叶先生对于民国教育中的许多问题已经认识得非常透彻,认为这样的教育已经到了"穷则变,变则通"的境地了。而欲要改革教育,重中之重则为教育精神的改革。至于学制、课程、教材等等都不能从根本上改变教育的现状。一旦教育的精神走上正确的轨道,那么其他的具体细节也就自然会随之改变。叶圣陶先生正是认识到了教育精神的重要性,才呼吁广大教育工作者必须尽快革除传统的教育精神,切实使教育服务于人民大众,而不是充当统治者愚弄人民的工具。在那个特殊的年代,无论是教育精神还是社会风气恐怕都不是一时可以改变的,但是,这种清醒的认识必然会在黑暗的社会现实中为教育事业带来一丝光明。

【丝分缕解】

不变应万变的话儿,一半儿对,一半儿不对。无论如何要抗战到底,无论如何要建立个全新的国家,无论如何要由老百姓当主人,要使老百姓的生活,物质和精神两方面都好起来。从这一点看,不变应万变没有错儿。但是,照以往的做法,这个目标都达不到,都会落了空,要达到,要不落空,非改弦更张、另起炉灶不可。从这一点看,谁还说不变应万变,简直是自甘没落,荒谬已极。

文章以一句俗话"不变应万变"开篇,明确指出其正误各半。抗战到底、建立全新的国家、让老百姓当家做主、物质生活和精神生活并重这些远大的目标自然是固定不变的。但是，正是为了实现这些目标，阻碍这些目标实现的众多观念和制度就必须要变，已到了"非改弦更张、另起炉灶不可"的地步了。如果此时还要继续墨守陈规的人，恐怕是"自甘没落，荒谬已极"了。紧接着，叶先生又以一句"穷则变，变则通"阐明了"变"在当时的迫切性，以及已经深入人心的地位，进一步说明，到了非"变"不可的时候了。这一段的论述都是为了说明改革的迫在眉睫，而下文中则着重对教育的改革进行了阐述。

单就教育而言，叶先生直接说了一句"教育应该变了"，这句话简单而朴实，体现了先生渴望教育改革的恳切心情。同时，在各地报纸上，许多有识之士都已经发表了类似的见解，尽管看法各有不同，改革措施也是众说纷纭，但是改革的要求却是完全一致的。抛开学制与课程之类的具体措施不谈，留给专家们去研究。叶先生认为，最急需改革的当属教育精神。既然谈到改革，我们就不能不谈谈传统的教育精神。

传统的教育精神是什么？让一些人读书、应考，考上了的做或大或小的官，帮助皇帝统治老百姓。……这样的教育，说得好听些，是为国家作育人才，拆穿了说，无非替皇帝找帮手的途径而已。……依理说，传统的教育精神到了民国时代应当废弃了，……但是，究竟习染太深了。

这就是说，无论这些人的品行如何，出身如何，一旦成为了这或大或小的官，就都毫无例外地站在了皇帝一边，这就等于站在了老百姓的对立面。教育事业本应是服务于人民大众的，可如今却成了统治阶级维护其统治地位的工具。受教育的人尽管因此得到很多实惠，可是，他们却以人民为敌，甚至不惜加害于人民，这就不能不说是有百害而无一利了。传统的教育精神服务于封建统治者，如此说来，到了民国时期，早就应该摒弃，因为民国时代已经取消了封建帝制，大家都是平等的，不存在对立面的问题。然而，几千年来的封建余毒不是说祛除就能彻底祛除的，因此，这种传统的教育精神也依然毒害着民国时代的教育事业。当然，从教育设施、学科安排等具体方面看，民国时期的教育自然是得到了极大的改善的，但是精神不改，就等于是封建的根基没有动摇，简单地修枝剪叶是解决不了根本问题的。从施教一方看，他们不顾这些人能否为百姓服务，为社会造福，只需要培养一批公务人员与技术人员，"撑得起那么个场面就成"；从受教育者一方来看，他们只希望借教育这一平台一步登天，因此，只注重成绩、看重文凭，只要能够出人头地即可，从此便过上衣食无忧的生活。至于为百姓服务，为社会谋利这种想法是从来没有出现在脑海当中的。难怪先生不禁要问，这样的教育精神与传统的为统治阶级服务的教育精神又有什么分别呢？

民国时代要行真正的民主，必须人人自己觉着是老百姓，是个不折不扣的老百姓，是个处于主人地位的老百姓。……传统的教育不管这一点，不能怪它，因为以往时代老百姓注定踩在皇帝脚底下。如今的教育不管这一点，就失去了教育的意义，任凭你说得天花乱坠，干得花样翻新，总之毫不相干，因为这一点才是如今教育的根本与灵魂，而没有根本的树木是枯木，没有灵魂的躯体是尸体。

若要真正革除传统的教育观念，首先要使民主的观念深入人心，必须让人民意识到自己就是个老百姓，意识到自己的主人翁地位，意识到真正的平等。当然，很多人会去从事不同的职业，担任不同的职位，但无论哪行哪业、位居何处，也仍然是老百姓当中的一分子，要努力为百姓服务，绝无任何特殊之处。传统的教育由于封建社会政治经济条件的限制，是不可能实现这种民主的，因为封建社会就是等级社会，皇帝原本就是高高在上的。但如今却不同，如果今天的教育仍然不能使民主观念深入人心，那么就是脱离了教育的本质精神，无论教育手段和内容再怎样丰富，都是毫无意义的。叶先生着重强调了教育精神在教育事业中的重要地位，同时也说明了，教育精神的改革势在必行。

教育要变，就得在精神上变，革除传统的教育精神，认定以老百姓为本位。

在文章的最后一段，叶先生又再次重申教育精神改革的重要性以及教育精神的实质——民主。至于其他相应的具体措施，如学制和课程等，当然也不是不重要、不需要改，但脱离了教育精神，仅谈教育措施的改革必然是本末倒置、毫无意义的。

【见仁见智】

　　叶圣陶先生在那个动荡不安的年代，却以冷静的头脑、清醒的意识，深入剖析了教育事业的改革方向，明确指出革除传统教育精神的紧迫性，可谓醍醐灌顶，一语惊醒梦中人。在那个人人追求功名利禄，为达目的不惜成为牺牲品的时代，叶先生的远大抱负是让我们赞叹的。重新审视当今教育，我们是否也应该想想，在当今社会中，是不是也存在着一部分人，受教育的最终目的就是平步青云，高高在上呢？当然，教育本来就是为生活服务的，想要通过受教育而改善现有生活条件也无可厚非。但是，我们不能把它当成是首要而且唯一的目的。作为受过教育尤其是高等教育的人，怎样为社会发展尽自己的绵薄之力，同时实现个人的人生价值才是我们应该不断追寻的目标和为之努力的方向。叶先生的教育理念同样应当引起我们的思考。

名著之八：《"瓶子观点"》

【初映眼帘】

《"瓶子观点"》一文是叶圣陶先生于1957年所作，当时新中国已经成立，叶先生在新中国拥有了较高的政治地位，但他从来不以高官自居，仍然时刻心系教育事业。在《"瓶子观点"》一文当中，叶先生批评了很多教育工作者视受教育者如瓶子，不顾其真实需要，一味地胡添乱塞的教学方法。在叶先生看来，教育工作者应当从学生的实际需要出发，并且达到学以致用、联系实际的目的，如此这般，才是正确的教育方法。在文章中，先生列举了思想政治教育、劳动教育等例子，具体地解释了硬把知识装进儿童头脑当中这一教育方法的错误之处。文章理论与实例相结合，言辞恳切，不失为一篇佳作。

【丝分缕解】

一个空瓶子，里边没有东西。把什么东西装进去，就不是空瓶子了。装得满满的，就是实瓶子了。不知道从什么时候起，我们爱把受教育的人看成瓶子。瓶子里短少些什么，就给装进些什么。

在文章的开篇，叶先生直接指出了教育工作者将受教育者看成瓶子的错误做法。接下来，举了两个例子加以说明，"譬如，发觉思想政治教育不够好，立刻想到恢复政治课，发觉学生的劳动观点不怎么强、他们不怎么热爱劳动，立刻想到在语文课里补充些'劳动教材'"。其目的是简单明了的，无非是为了加强思想政治教育以及培养学生热爱劳动的意识。可想法好，并不代表做法就一定有效。用叶先生的话来说，就是"恐怕并不是那么一回事"。

叶先生紧接着论述了"不是那么一回事"的原因，在他看来，学科之间是相互联系，相互照应的，例如想要达到加强学生思想政治教育的目的，并不是简单地依靠开设思想政治课，而应该在多学科当中渗透思想政治教育的内容，如若不然，不仅割裂了各学科之间的整体关系，而且，即便是开设了思想政治课，也绝对达不到预期的效果。"认为多读几篇'劳动教材'就可以加强劳动观点、热爱劳动"的想法就更是荒谬了，这就等于是说，学生之所以不热爱劳动是因为他们少读了"劳动教材"的缘故。这种看法无疑是太表面化了，没有深入挖掘到问题的根源所在。热爱劳动是一种良好的习惯，而习惯的养成绝不是几本教材就可以办到的，热爱劳动的好习惯需在各种实践活动中逐渐养成，并且不断训练，最终成为一种美好品质，伴随一个人一生。

正因为把学生看成瓶子，"装进些什么"的想头不召而自来。怎么"装"？一方面讲一讲，一方面听一听，在一讲一听之间，东西就装进了瓶子。东西既然装进了瓶子，瓶子里既然装进了东西，不是立刻会起作用吗？这诚然是个好意的愿望，可惜这样的愿望不免要落空。瓶子是装东西的，当然不会独立思考。……瓶子是装东西的，东西装在瓶子里，东西自东西，瓶子自瓶子，不起什么混合作用或是化合作用。两种作用都不起，还有什么旁的作用呢？于是巴望起作用的愿望落空。

由于教育工作者把受教育者看成了瓶子，而瓶子就是用来装东西的，那么，以灌输的形式将东西装进学生的大脑也就是自然而然的了。教师想当然地认为，他们一讲，学生一听，东西便装进去了，装进去了就自然会产生效果，这个想法的初衷是好的，可结果未免不那么尽如人意。瓶子是用来装东西的物品，自然没有思考的能力，而一些教育工作者总是在责怪受教育者不具备善于思考的能力，如此一来，我们是不是要问个为什么呢？把学生看成是个用来装东西的瓶子，又怎么能要求他们会独立思考呢？而且东西虽然被装进了瓶子，但是东西还是东西，瓶子还是瓶子，二者是相互独立的，不会产生任何相互作用。这也就是说，知识被强行灌输进受教育者的大脑，而并没有引起受教育者自身的思考和理解，因此，这些知识只是被受教育者机械地记在脑中，而并不能和其融为一体，真正指导受教育者的行动，除了在大脑中罗列更多的东西之外，别无它用，也就更不能达到事先预期的目的了。

　　我们有个好传统，求知识做学问要讲"躬行实践"，要讲"有诸己"。……小学生中学生学的东西虽然浅，道理也一样。因此，什么东西都不能装进去就算了，装了进去考试能得五分也未必就好，必须使所学的东西融化在学生的思想、感情、行动里，学生的思想、感情、行动确实受到所学的东西的影响，才算真正有了成效。

　　我们求知识、做学问为的是服务于实际生活，发展社会，实现自身价值，而非摆样子，做给别人看的点缀装饰。在叶先生看来，即使是在这种灌输教育下所谓的好学生也可能是完全不能将知识运用到实际生活的人，这和我们教育的初衷和价值都是完全背离的，我们要培养的是有实际生活能力的人，不是只会记东西的机器。欲真正实现教育的价值，只靠"装"显然是行不通的，讲和听固然也是必要的，而更加行之有效的方法还是要在实践中不断探索和追寻真知，只有如此，受教育者得到的知识才真能称得上是属于自己的，这种教育才能称得上是"名副其实的教育"。

　　我们现在有"学以致用""联系实际"的说法，就是从我们的好传统来的。"瓶子观点"跟这些说法不对头，换句话说，名副其实的教育不是那么一回事。

　　在文章的最后，叶圣陶先生再一次强调了"瓶子观点"的错误以及真正的教育应该如何。但是，在当时的教育下，以这种"瓶子"方法教书育人的却大有人在，难怪叶先生在文章最后说明了写作目的，即"不免杞忧，于是写这篇短文"，足可见文章之必要性及先生心系国民教育之意。

【见仁见智】

　　《"瓶子观点"》是叶圣陶先生针对当时教育存在的不顾学生实际生活需求，只一味灌输知识的错误教育方法的思考。叶先生曾数次发表文章探讨过教育的价值问题。欲实现教育的真正价值，就必须找到切实可行的教育方法，摒弃那些固有的、填鸭式的教育。"瓶子观点"四个字高度概括了当时许多教育工作者的误区，文中先生又深刻剖析了由于这种错误的教育方法所引起的学生思考能力的缺失等等问题。点明只有"学以致用"、"联系实际"才是教育真正应该为之努力奋斗的目标，重申了教育的意义和价值。

以史为鉴，我们不禁联想到曾经盛极一时的应试教育，那何尝不是一种填鸭式的灌输，学科之间互不联系，教师为了教而教，学生为了学而学，可谓苦不堪言又徒劳无功。当今我们所提倡的素质教育可谓是秉承了叶先生所赞扬的优良传统，从各方面培养学生的综合能力，使他们所掌握的知识和能力能够完全满足社会的需要，推动社会更快更好地发展。尽管我们的教育已经日臻成熟，叶先生的文章仍然能提醒我们警钟长鸣，不要重蹈覆辙。秉承这一最根本的教育原则，加之广大教育工作者的辛勤耕耘和不懈探索，我们的教育事业定会蓬勃发展，鸿业腾飞！

名著之九:《读书和受教育》

【初映眼帘】

《读书和受教育》一文成文于1983年,此时的叶圣陶先生已年近九十。晚年的叶先生仍然在思索着教育的发展和祖国的未来。文章分别对"读书"与"受教育"两个概念进行了分析,并明确指出,读书并不等同于受教育,只是受教育的一种手段。除了论述读书对于教育的作用之外,叶先生又论述了自我教育的重要性,以及作为另一种教育手段——"直观"教育的重要作用。全文论述清晰而透彻,时而阐释教育理论,时而举例加以详细说明,将为什么读书、怎样读书、什么是自我教育、如何进行自我教育等等令人困惑的教育问题解答得淋漓尽致、深入人心,为广大教育工作者以及所有受教育的人们指明了前行的方向。

【丝分缕解】

一 "读书"和"受教育"

儿童开始进小学,中学生考上了大学,都说是去读书。"读书"是个通常的说法,大家说惯了,随和地说说也无妨,可是决不能信以为真,看得太死。如果信以为真,看得太死,学生本身大吃其亏自不必说;而且吃亏的范围非常之广,并不夸张地说,简直是整个社会、整个国家。……学生上学,随俗地说是去读书,正确地说可不是去读书,而是去受教育,受教育是上学的全部意义和整个目的,读书是受教育的一种手段……受教育的意义和目的是做人,做社会的够格的成员,做国家的够格的公民。

文章一开篇便指出,学生上学常被称为是去"读书",这只是很习惯的一种说法,而在叶圣陶先生看来,却绝对不能信以为真,一旦信以为真,吃亏的不仅是学生,对于整个社会、国家都是极其有害的,那么这是为什么呢?先生的一番话是不是危言耸听呢?下文中予以详细的解释。学生去上学,正确地说应该是说去受教育,而受教育绝不能等同于读书,读书只是受教育的一种手段而已。显然,除了读书之外,受教育还有多种方式和手段,由此看来,把上学说为是去读书,确实是片面和狭隘了。那么,受教育的意义和价值何在呢?叶先生在这里重申了教育的目的和价值,即做人,这远非是读书所能及的。读书和学习知识只是最初级的一步,只有把学到的知识真正理解和消化,形成自己的见解,并在不断实践当中养成永久的习惯,使这些知识融入到血液当中,切实为实际生活和社会发展服务,这才是受教育的真谛。

二 "自我教育"

(一)什么是"自我教育"?

无论是谁,从各级各类学校出来之后还得受教育,……那时候哪儿去受教育呢?从社会各方各面都可以受教育,只要自己有要受教育的坚强意愿。这就是自我教育,简化地说就是"自学"。

从学校毕业并不意味着教育事业的终结,那么,出了校门之后我们又应该到哪儿去接受教育呢?在叶先生看来,只要我们有学习的意愿,社会各方面都可以成为我们受教育的平台,这就是所谓的"自学"。由此可见,学校教育仅仅是狭隘的教育,真正广义的教育是孕育在各种社会活动之中的,社会就是一个大学校,人们在社会中从事活动的过程都是受教育的过程,而在社会中,并无固定教师的指导,只靠个人的实践和探索,因此,可以说,完全是一种自我教育。

(二)自学能力的培养

自学能力的强或弱根据在校时候所受教育的好或差。……我简直要外行地说,所有各级各类学校以及补习、进修的机构的主要职能，全都在引导来学的人向自学方面不断进展。我说这句外行话源于两点意思。一点意思是，所有做人的必需的东西非常之多，教不尽的，……所以教了一，同时要引导来学的人能够反三：这就是引导他们自学。再一点意思是，学了什么如果光能守住什么，即使一丝一毫没遗漏也是不够的。……在教育来学的人的同时，要特别注意引导他们知变、求变、善变，有所改革，有所创新，这就是引导他们自学。

一辈子坚持自学的人也就是一辈子自强不息的人。不难想象，这样的人不断增多，社会和国家将达到何等繁荣昌盛的境界。因此，教师特别致力于引导学生善于自学，绝不是越出了教师的职责，绝不致贬低了教师的尊严。正相反，我以为唯有能这样做的教师才够得上称为名副其实的教育家。

那么，自我教育的能力是如何培养的呢？如果学校着重培养了学生的自学能力，那么，他们将一生受用无穷，而且将造福于国家和社会。甚至可以说，无论他们在学校受教育，还是所进行的任何补习和进修，都应该起到引导未来的自我教育的目的。学生在学校的时间毕竟是十分有限的，只有这种自我教育的能力得到良好的培养，他们才能在将来更大的学校——社会当中，不断汲取营养，提高自身素质。叶先生分两方面阐述了这一观点。第一，人们所应该掌握的知识是无穷无尽的，学校等各种教育机构只能挑选其中一部分进行讲授，不可能面面俱到。更多更为丰富的知识有待受教育者自己去探寻，因此，如果学生只是学一知一而不能做到举一反三，那么能掌握的知识便极其有限。所以，培养他们的自学能力就显得尤为重要；第二，我们学到的知识不应该是一成不变的，万事万物都会随着时间的流逝、社会的变迁而发展变化，如果我们只能做到学一知一，不能与时俱进，那么，社会将会停滞不前，人类将无法向前发展。这一点也要求我们必须具备良好的自学能力。

"一辈子坚持自学的人也就是一辈子自强不息的人"，这种人正是国家和社会发展所需要的栋梁之材，通过自学能力的培养，使得这样的人不断增加，怎能说不是社会和国家的幸事呢？因此，自学能力的培养意义重大，这绝非逾越了教师的责任，更非轻视教师存在的价值，而恰恰是使得教师价值最大化的有效途径。能培养出国家栋梁之材的教师自然才是名副其实的教育家。

三 关于"读书"

（一）教科书存在的意义

为什么要有各科的课本？我想，回答应该是这样的：做一个够格的人，必须懂得许多事物，明白许多道理，实践许多好行为；可是事物不能全部直接接触，道理不能一时马上渗透，好行为不能立即正确实践，因而只能写在课本里，以便间接接触、从容揣摩、积久成习。

由于整篇文章探讨的都是学校教育的问题，因此，叶圣陶先生在这里所提到的读书，指的也只是学校的教科书，而不包括课外读物。谈到读书问题，叶先生先设一问："为什么要有各科的课本"？对此，先生给予了自己的回答，一则人类的历史历经了漫长的探索发展到如今，我们不可能事事亲力亲为，直接参与探索和实践，因此，我们需要间接知识的获得；二则，许多深奥的人生道理并不是学生能够完全理解和掌握的，先通过间接的学习，初步理解，再在今后的人生当中慢慢琢磨，最后成为自己的知识，因此，我们也需要间接知识的获得。

（二）"读书"的目的

学生读课本并非目的，真能懂得事物，真能明白道理，真能实践好行为，才是目的。这三个"真能"极为重要，学生果真"真能"了，才是真正受到了教育。

叶先生将学生读书的目的概括为三个"真能"，即"真能懂得事物，真能明白道理，真能实践好行为"。学生读书若能达到这种效果，才是真正地接受了教育，丰富了自我。否则，如果仅仅只是为了读书而读书，最多只能培养考试的机器，考试时对答如流，可是面对三个"真能"却多多少少有距离，这就等于教育偏离了轨道,学生受教育的意义多多少少地缺失。因此,叶圣陶先生在此呼吁教材的编写者们和担任教学工作的教师,无论在教材编写过程中还是在教学过程中必须时刻心怀这三个"真能",同时,要不断培养学生自我教育的能力,使他们即使走出了校门,也能终身做到三个"真能"。

四 "直观"的教育手段

在这里,叶先生举了一个例子,一位小学教师在编写小学课本的过程当中,想说明蒸汽机是怎样带动火车的。可是,想了很多种表达方式,仍然不得其要旨,便请叶先生过目。先生认为,小学生读了这样的课本,恐怕还是不能明白,如果学校里能有一个模型,或者能让孩子们到火车站去看一下,实际感受一下蒸汽机是怎样工作的,那么便可深入脑海了。这里所提到的蒸汽机模型和去火车站参观,都是直观的。"直观是受教育的又一种手段"。若要实现直观的教育手段,讲授间接知识的教科书显然是远远不够的。这就要求学校具有一定的教学设施,让学生与实物进行直接的接触和感受,很多道理便浅显易懂了。如果学校能够具备一些辅助设施,如"动植矿标本室、理工实验室、图书阅览室、实习工场、种植园之类",当然是最好的选择。"如果经费不富裕,小规模的设备一些总比完全没有好。"除了学校自身的教育设施外,社会中广泛的教育资源也可以充分利用,如"动物园、植物园、博物馆、天文馆、图书馆等",可以利用假期或业余时间多组织学生去参观学习,以拓宽学生的视野,让他们接触和感知到更多直观的事物。此外,一些社会实践活动,如"工厂参观,农村访问,社会调查,假期旅行"等,都能够使学生在切身的活动当中感受到直观的教育。

要使学生"真能"实践好行为,有没有直观的门径呢?我说有。其一,教师以身作则,事事处处为人师表,这就是学生最亲切的直观。其二,让学生多接近各方面的先进模范人物,也是极为有益的直观。

最后,叶先生提出了使学生"真能"实践好行为的途径。这里又谈到了榜样教育的作用。一则教师本身就是学生最好的榜样，是学生最易模仿的对象，如果教师都能够为人师表，学生自然会受益匪浅；二则可以组织学生向各行各业的先进代表学习，以榜样的力量感召学生，也可以从直观的角度刺激学生的进步。

【见仁见智】

《读书和受教育》一文，从读书和受教育的关系入手，论述了二者的区别和联系，引导人们走出将读书与受教育等同的误区。为进一步论述读书并非是受教育的唯一手段，除了阐明读书的重要作用、应该达到的目的等问题之外，又对"直观"的教育手段加以阐述，可谓全面深入，一气呵成。叶先生对于读书与受教育问题的思考在今天也仍然能引起我们的共鸣。如今，教育界极力倡导大教育观。这就是说，我们不能将受教育同读书狭隘地等同起来，而必须将受教育的地点由学校推广至全社会，将受教育的方式由间接地接受知识扩展至通过实践去探索知识。只有我们突破狭隘的学校教育的局限，才能真正践行"全民教育""终身教育"等教育理念。集中调动全社会的力量投入到教育事业当中来，将教育事业的硕果推广到服务于全人类的事业当中去，才能真正实现教育的最大价值。

第二部分　语文教学法

名著之一:《小学国文教授的诸问题》

【初映眼帘】

《小学国文教授的诸问题》一文发表于1922年,顾名思义,文章就当时小学国文教学中存在的诸多问题展开分析,不仅指出了其观念和方法上的弊端,并且分别从观念的树立、教材的选择和教授方法的革新三个方面分析了小学国文教学应如何改革的问题。文章细致深入、一针见血地指出了改革小学国文教学势在必行,并思维缜密、入情入理地提出了各种行之有效的改革措施,可见叶圣陶先生对小学国文教育研究之深入、见解之独到,更可见其提倡改革心情之迫切,为小学教育长远发展之操劳。综观全文,许多具体的改革措施直到近一个世纪后的今天仍然值得我们细细品味并学习借鉴,足见一代教育大师之高瞻远瞩。

【丝分缕解】

在文章开篇,叶先生首先阐述了国文教学与算术等科的不同,他认为国文教学并没有一定的方式和学程,且不是一教就能明白、熟能生巧的学科,因此教授国文的方法因人而异,可谓百花齐放。很多人错误地认为,由于学生的天赋和努力程度是有很大差异的,因此教师既不必因教出好的学生而邀功,亦不需要因学生的国文得不到长进而承咎。岂不知,教学方法在国文教学当中起到至关重要的作用,如果教授方法不当,吃亏的必然是学生。因此,针对当时国文教学方法存在的诸多问题,先生认为,国文教育方法的改革势在必行。既然谈到改革,必首先要找到"病根",在下文的叙述中,叶先生因此首先谈到了"病根"的问题。

一 小学国文教学的弊端

我有一点细小的经验,国文教学的开始不在学校而在家庭,不在学龄时代而在幼孩时代。一个学童的国文程度的好坏,与他的家庭、他的幼孩时代很有关系。……情思的训练和言语的练习与国文程度的高下有关系,家庭里提供着引起情思的境遇,常与孩童谈话,便可说是国文教学的正常的基础。反过来,置孩童于不理,不为他们立下重要的基础,便阻遏了他们几分之一关于国文程度的发展力——被阻遏的当然不止此。

叶圣陶先生认为,国文教育是从幼童时代便应该开始的教育,因此,始于家庭而非学校,为人父母者,便是最初的教师。然而,很多父母却将这种责任完全推卸,对于孩童的态度存在着极大的问题。他们或只当孩子是宠物般玩弄,或一味责骂,或置之不理,因此,孩童时期本应培养的种种能力就此荒废了。他们只能从成人那里学习到简单的日常用语,却完全没有练习运用语言进行沟通和交流的能力,这自然会对他们将来的国文学习产生消极的影响。也有极少数家庭重视训练孩子的语言能力,使他们能够做到表达清晰,语言流畅,这些孩子在将来的国文学习当中都取得了相对优异的成绩。由此可见,家庭教育中言语能力的训练和国文教育有着极为密切的关系。

学童受教育的历程是不可划分的,他们是在不绝地发展的路途之中。所以教育者什么地方都要注意到"衔接"两字。可是一方面又要注意到弊病的免除,务必使学童趋入正轨,不受损害。

在叶先生看来,对于国文教育而言,既然家庭教育是初始,那么学校教育自然要衔接家庭教育,可这里也有一点尤为重要,那就是必须要衔接良好的家庭教育,对于那些不正确的家庭教育,要祛除其中弊病,以使儿童免受其害。然而,当时国文教育却大多衔接了不良家庭教育的办法,同样置儿童于不理,无视儿童的兴趣和日常生活中的应用,只是机械地教授教科书中的内容。当然,除教科书之外，儿童也阅读一些课外读物，可也几乎都同教科书如出一辙。作为学生，如能鹦鹉学舌般地遵循课上所讲，便能取得优异的成绩；相反，如果学生自由想象和发挥，便会遭到斥责。从低年级到高年级，一直如此，因此，尽管学生的年级增进了，国文的教法却不见长进。

挑出病根，可得两点，都是教师观念错误之处：（一）不会了解儿童，不以儿童本位一义为教授的出发点；（二）不明白国文教学之真作用，徒视为形式的教科。

学习国文本是源于儿童本身生活和发展的需要，而这第一种谬误便完全忽略了儿童自身的需求，完全以成人为出发点教授儿童，成人认为什么应该教便教什么，儿童处于完全被动的地位，只是一味地被机械地灌输，完全满足不了自身需求，就更不用说兴趣之类的了。此外又错误地理解了儿童学习国文的意义。学习国文是为了更好地表达儿童内心所想所愿，更好地与人交流沟通，更好地服务于生活并使自身得到发展，而非简单地停留在听、说、读、写的形式上，教师在教授中只重形式而并不能深刻理解其内在意义，教学效果可想而知。儿童既不能在教学当中处于主导地位，所学内容也只不过是一个外在形式，又怎能达到国文教学的真正目的。不仅如此，由于儿童对所学所闻毫无兴趣，只恐怕连只停留在形式上的目的也未必达得到。

二 小学国文教学观念的改革

既在上文中谈到了小学国文教学的诸多弊端，改革小学国文的教授便迫在眉睫。叶先生认为，欲改革小学国文教学，必首先要树立教师对于国文这一学科的正确观念，针对此问题，先生分别从满足儿童需要和发展儿童心灵两方面提出了指导性意见，并由此谈到了关于国文教学的恰当方法。

第一须认定国文是儿童所需要的学科……教育所以可贵，乃在能为儿童特设境遇使他们发生需求，努力学习……理想的办法，最好不分学科，无所谓授课与下课的时间，唯令学童的全生活浸润在发生需求、努力学习的境遇里。这种理想的办法尚不能实现于现时。不过教师应知道这是较善的一个理想，因而引起一种觉悟，就是教师当为学童提供一个普遍适应各科的境遇。

第一点的中心思想即国文是为满足儿童需要所设立的学科，因此教授国文的方法重在"境遇"二字。上文中曾提到过，很多儿童在家庭教育中本应得到发展的种种能力并不能真正得到发展，那么学校教育便应弥补这种缺憾。在教育中，应为学生设立各种特定的境遇，从而激发他们学习的主观能动性，国文教学尤其如此。在叶先生看来，最好的方式莫过于不分学科，使学生的学习和生活融为一体，相辅相成，由此学生可以一直浸润在学习的境遇里。然而，在现实的教育当中，还无法达到这种境界，因此，这种境遇就需要教师为学生量身定做。这种境遇的说法看似空洞抽象，实则就是要求教师不只是为了教而教，脱去国文教学那些形式的外衣。国文课堂不应是教师想教什么就教什么，而应该充分调动学生的积极性，促使他们对国文产生需求，从而产生学习的兴趣，待他们认为有应用国文的需要时，再加以指导，学生是发自内心地认为所学有益，如此一来，效果可想而知。良好的家庭教育可以较早地培养儿童国文学习的能力，其妙处正在于学生时刻处在这种需求的境遇当中。

第二，须认定国文是发展儿童的心灵的学科。……学童所以需要国文，和我们所以教学童以国文，一方面在磨炼情思，进于丰妙；他方面又在练习表出情思的方法，不至有把握不住之苦。

叶先生认为，之所以需要文字，是为了表达情思，因此，教授国文的重点在于如何表达情思。上文中已经提到了要为儿童设定特殊的境遇，在这境遇之中，应努力发展儿童的心灵，丰富他们的情感，扩充他们的思想，这才是国文教学的源泉之所在。待他们情绪丰富、思想绵密之后，再训练他们如何用恰当的语言将所感所想表达出来，这才是国文教学的真谛。在小学教育当中，国文教育占有相当大的比重，而所谓国文教育，不应当只停留在表面的听、说、读、写等形式上，国文教学，更不应只是为了有国文这一学科而勉强而教，学生经过训练，所说所写皆应出自学生内心，源于其丰富的感情，如此这般，国文才能真正符合其发展心灵的初衷，达到帮助儿童发展进步的目的。

三 小学国文教材的改革

由于国文是普遍应用于生活中的，因此，其教材也应该是范围甚广的，但是，一种语言当中最重要的元素莫过于文字，因而，文字是国文教材中最重要的材料。正因文字的地位如此重要，选用何种文字为小学生编写教材便成为了必须要明确的问题。叶先生认为，应用语体文替代现有的文言文教材。其原因主要是源于文言文和语体文的不同用途。学习文言文，主要是为研习前人的著作，而语体文之所以能够通行，正是因为它更能表达当今人的情思。研究前人的著作多为学者所做之事，作为小学生则完全没有必要，所以，作为小学国文教材的语言，自然应该选择更易理解以及表达的语体文，至于使用文言文字的史书中适合小学生学习的内容，为他们专门翻译即可。

以文言为教材，也是以前国文教学失败的要因……教材纯用了语体，于是教师无须有翻译讲解之劳，学童亦不必有勉强记忆之苦。国文教学所应有的事，将迥异昔时。

叶圣陶先生认为，以往以文言为教材也是国文教学失败的一个重要原因。在以往的教学当中，教师只是将文言文翻译给学生听，学生学习的过程只是记忆罢了，至于其中真正的意义，儿童并不见得能完全领悟。若换作纯语体的教材，则教师省下了翻译的时间，学生也不再需要勉强记忆晦涩难懂的文字。国文教学便如前文中所提到的一般，在于培养儿童丰富的情思，并运用准确、恰当的语言将种种丰富的感情表达出来，与此同时，也能领会和理解他人所表达的语言及情思，如此这般，儿童才能真正感觉到需要国文，从而产生兴趣，这才是国文教学的真谛。综上，先生认为，国文教材的文字应当用语体文替代以往的文言文。

　　既然教材在国文教学中占有举足轻重的地位，那么，教材的选择就显得尤为重要。欲改革国文教育，教材也必然要全面改革。前文已提到，以往的教材多半是运用文言文编写，即便有用语体文的，也多半是由文言文翻译而来，对国文学习毫无益处。那么，什么样的教材才是真正适合儿童的呢？既然要选择适合儿童学习的教材，就必须从儿童自身需求出发，而作为通行全国的教科书，不可能全面考虑到每个儿童的需求，因此，教科书可以用来参考和备用，更合适的教材应在教科书以外选择。

　　为欲从事选择或搜集，须先定一个教科内容的普遍的标准。所以国文教材普遍的标准，当为儿童所曾接触的事物，而表出的方法，又能引起儿童的感情的。换一句说，就是具有文学趣味的。

　　这段话为教材的选择提供了详细的标准，即要符合儿童成长的环境，并能引起儿童学习的兴趣。既要符合这种标准，先生又进而提出了教材的三条来源。一则可以来源于各种传说故事；我国幅员辽阔，民族众多且风情各异，使得传说故事种类繁多，且趣味性较强，这必然成为很好的教材来源。需要注意的是，许多外国童话尽管在国内通行，但由于风俗习惯及文化的差异等，并不适合我国的小学生。二则可以来源于各地的历史、地理、习俗等；这些都是儿童所感兴趣的，也是他们应该知道的常识，因此，教师可以适当选取，作为国文教材。即使没有，教师也可以酌量创作适合儿童的东西，叶先生尤其提倡教师的创作而非直接选取别人编辑好的。三则国文教材也可以来源于儿童自身。这种教材来源于儿童亲身经历并且极为难忘的事件，让儿童将这些经历自行记录下来，再自己阅读，别有一番情趣，这也可以视作一种教材的来源。总之，教材的选择应建立在儿童的需求之上，而不应有固定的模式和内容。今年的二年级学生和明年的二年级学生，虽同为一个年级，却可以由于经历和需要的不同而使用不同的教材，这样，国文教材才能真正满足学生的实际需要，使他们的身心得到发展。

更有一事,应在此节说明。就是:倘若学校里境遇完好,即儿童求知之欲很易引起;在国文教授方面说,便是读书之欲必盛。这正是国文教授里一种重要目的——养成读书习惯,而一般教师常是忽视或遗忘的。科内教材既以含有文学趣味为标准,即日常生活的必需知识之获得,当然更有赖于以外的书籍。

在这里,先生又着重提到了教材的重要补充,即课外读物的选择。课外读物更有利于学生读书习惯的养成,由于教材数量的限制,五彩缤纷、种类繁多的课外读物更能充分调动儿童的阅读积极性,满足他们的好奇心。教材和课外读物若能得到完美的结合,国文教学自然事半功倍。而当时的课外读物多为文言文或无法满足儿童需要的读物,可供儿童阅读的甚少。因此,为儿童创作和编辑适合他们的课外读物也成为了国文教育改革中亟待解决的问题。

四、小学国文教学方法的改革

国文教学中的重中之重,即为教师教授国文的方法,由于以往的教授观念及所选教材等均存在种种问题,方法自然也不会得当,叶先生从国文教学的最终目的出发,谈及了国文教学方法的大旨。

前文言教师当为儿童特设境遇,目的在使其自生需要,不待教师授予。所以授与书本之先,必定要有可以引起需求这本书的境遇……在初学年儿童,才习文字,尤当纯用直观教授。……要行直观教授,首须设备的周密。所以学校里宜有会场、农园、工室、博物室、图书室等等设备;而教师也是儿童境遇里一要件,切不可远远隔离,授课时才相见。果能设备这等完备的境遇,当然不仅国文教授独享其利。可是要国文教授成功,非有这等境遇不可。国文教授并非是限于教室以内的教科啊!

这一段所谈的讲授方法皆是围绕前文中提到的根据儿童需要为其创设特定的境遇而展开的。在教学过程当中,教师首先应创设境遇来引起儿童对所教书目的需求。具体方法就是让学生直观感受，所谓直观感受，自然不是关在教室里研习各种文字，而是回归生活本身，让儿童切实感受到。欲在学校使儿童回归生活本身，就需要一系列的配套设施，诸如先生所提到的会场、图书室等等。这些设施可以使学生身临其境，其效果自然远远优于纸上谈兵。先生在这里还尤其提到教师的作用，教师应当成为这特定境遇的一部分，和学生共同感受，这样可以使教师在生活中随时指导和教授学生，也可以使师生关系更加融洽。一旦这样的境遇引起了儿童的需求，其他事情便简单了许多，只需由儿童自己去观察、试验等，教师在适当时给予一定的帮助即可，如此这般循环往复，学生的心灵必然得到发展，这也就达到了国文教学的最终目的。先生一再强调国文不应该是限制在教室之内的学科，可见寓国文教育于生活的重要性。

倘若并没有教师所预备的教材，儿童所怀的也就是这些教材；所以他们诵读之际，仿佛就是自己发抒情思。这多么快活啊！根据这层意思，则诵读的练习，不仅要在理解以后，更要采用表演的方法。……国文教授并非是限于书本以内的教科啊！

这一段先生主要讲解了应如何练习国文的问题。"这些教材"指的是上文中所提到的学生在教师为其特设的境遇当中所感受到的内容。先生看来，诵读不仅仅是声音的发出，更是声音与情思的结合，二者缺一不可。如果学生只是发出声音而不带有任何情思，不能理解其中含义，那么阅读起来必定无法连贯且不明其意。因此，表演的方法不失为练习诵读的好方法。因为表演是建立在儿童完全理解故事的基础之上的，不仅可以极好地将声音和情思融合，达到诵读的目的，又由于其趣味性较强，更有利于调动儿童的积极性。此外，演讲、谈话、辩论等都可以作为练习的方法。最后，先生又再次强调，国文的教学绝非仅限于书本，其练习途径可以多种多样，寓于日常生活的各种活动当中。

儿童既有说话的练习，进于写作，实是自然联络的事，并不烦难。因为写作的本质是情思，本质的符号是许多声音，由本质化为符号，须遵社会的律令，差一点人家便不懂。练习语言的重要意义，是在模仿这社会的律令。

谈完了如何训练说话，先生又讲到了国文教学中另一重要内容——写作。先生将写作的要点归纳为：情思、声音和社会律令。情思和声音在前文中皆已讲过，这里着重强调的是社会律令的问题。诵读和学习的过程实则就是模仿社会律令的过程，一旦知晓，写作便是极为容易的事情。古人说"读书百遍，其义自见"，其过程就是在模仿古文中的律令，一旦通晓，便可知其中深意，并可运用古文来写作，今之道理亦然。此外，先生还认为"言由心生"，写作不应规定题目，也不应规定时间，而是应该在儿童有丰妙的情思之时，自然天成之物。譬如阅读书籍后的读后感、读书笔记等等，都可以是一种训练。而这种练习，定要在充满情趣的生活中沉淀而出，绝非简单枯燥的生活中可得。

【见仁见智】

《小学国文教授的诸问题》一文全面而细致地论述了小学国文教学存在的问题及改革的措施，其中，以浓重的笔墨为小学教师树立了对国文教学所应有的正确观念以及国文教学的出发点和归宿。只有认清了国文教学的要义所在，才能真正达到其发展儿童心灵的最终目的。全文逻辑清晰、语言严谨、一气呵成。文中所阐述的许多理论目光之高远令我们感叹，叶先生所提倡的儿童本位、寓教于乐等思想仍然是当今的小学教育所不断追寻的。在小学语文教育已得到长足发展的今天，在教学当中，我们仍时常看到一些教师拘泥于教材，忽略了儿童自身需要等错误做法。但我们相信，在一代教育大师思想的光辉照耀下，伴随着一代又一代教育工作者的不懈努力，终会达到我们所预期的教育目标。

名著之二:《国文教学的两个基本观念》

【初映眼帘】

《国文教学的两个基本观念》一文作于1940年8月18日,原题为《对于国文教育的两个基本观念》。文章中,叶先生明确地提出了国文教师所应具备的两个基本观念,以指导当时的国文教师纠正原有错误观念,树立正确的国文教育观。文章在开宗明义地提出两个基本观念之后,又具体地谈到了如何提高中学生国文程度的问题,涉及对阅读和写作的训练方法、重视培养学生的阅读能力、重视培养学生阅读和写作普通文的能力等一系列问题,全面而具体。叶先生所谈到的训练阅读和写作的具体方法,实效性极强,必定使中学生受益无穷。时至今日,阅读先生的文字,仍然能有效地指导学生进行阅读和写作的训练,对当今的语文教育意义重大。

【丝分缕解】

叶圣陶先生在文章伊始便开门见山地指出了国文教师应具有两个基本观念,由此引出文章的写作缘由,即在先生看来,国文教师之中不具有这两个基本观念的人不在少数,因此,就两个基本观念的问题谈谈自己的意见,以引起同行的思考。

请容我先指明那两个基本观念是什么。第一,国文是语文学科,在教学的时候,内容方面固然不容忽视,而方法方面尤其应当注重。第二,国文的涵义与文学不同,它比文学宽广得多,所以教学国文并不等于教学文学。

文章中明确地指出了先生口中所强调的两个基本观念是什么。首先强调了国文教育方法的重要性,即国文教师在教授国文的时候,内容固然很重要,但是教学方法却也应引起足够的重视；其次说明的是国文教育的范围，即国文不是简单的文学，它的概念十分宽广，文学只是其中的一个部分，因此，教授国文并不等于教授文学。

国文是各种学科中的一个学科，各种学科又像轮辐一样辏合于一个教育的轴心，所以国文教学除了技术的训练以外，更需含有教育的意义。说到教育的意义，就牵涉到内容问题了。……不过重视内容，假如超过了相当的限度，以为国文教学的目标只在灌输固有道德，激发抗战意识，等等，而竟忘了语文教学特有的任务，那就很有可议之处了。

国文如果单单是技术的训练，那么一切文章和书籍便都可以用来训练阅读和写作，无论其意义如何，只是从技巧上学习即可，但国文诚然不是如此。国文同其他学科一样，都是教育的一部分，是为达成教育的最终目标服务的。因此，除了训练阅读和写作等技术之外，还有更重要的、必须遵循的核心原则，那就是其内容必须符合教育的意义。因此，可选出作为教材的书籍或文章就必须是或崇尚道德的，或关切国情的，或激发抗战意识的（由于文章写作时正处在抗战时期，因此这点也尤为重要），这显然是无可厚非的。尽管国文必须要遵循教育的基本原则、以教育的意义为核心准则，教育的意义却不应完全由国文来承担。也就是说，教育的意义是体现在各个学科当中，由各学科相辅相成而最终达成的。而作为国文教学，只要其内容不违背教育的大意即可，如果把国文教育的着眼点完全落在内容上，而忽略了其特有任务，即阅读和写作等能力的训练，那自然是行不通的。

国文教学自有它独当其任的任，那就是阅读与写作的训练。……所谓训练，当然不只是教学生拿起书来读，提起笔来写，就算了事。第一，必须讲求方法。……第二，必须使种种方法成为学生终身以之的习惯。……国文教学的成功与否，就看以上两点。所以我在前面说，方法方面尤其应当注重。

在前文中说到了国文教育的重点不只在内容，而应当同时注重国文这一学科所特有的任务，这任务即是阅读和写作的训练。所谓特有的任务，自然是其他学科所完成不了的，都需靠国文的教授来完成。阅读和写作的训练需要注重两点，一是要讲求方法，即应当怎样阅读才能通晓其意，如何写作才能表达清楚；二是种种方法都要使学生养成习惯，以便终身受用。因为阅读和写作都不是一朝一夕的功夫，必须长期坚持，养成良好的习惯，才能使学生的身心得到不断发展和提高，且阅读和写作都将贯串学生的整个人生，随时都有用处，因此贵在持恒。而在先生看来，这两点直接决定了国文教育的成败，尤其应当得到重视。

接下来叶先生举了从前书塾的例子来说明方法的重要性。过去的书塾先生有些很注重讲授方法，他们不仅让学生诵读书籍的内容，也为他们解释一些难懂的字词；不仅教授他们阅读，也同时让他们掌握文章的句读；不仅为他们修改文章，也同时阐明修改的道理。学生遇到这样的先生是有福的。然而大部分先生都是一味地让学生读读写写，并不为他们解释其中道理，而指望他们自己能够顿悟，这种顿悟自然是极难出现的。那时的书塾只教授国文一科，学生有充分的时间可以研习，却也极难顿悟，更何况现在的教育当中学科很多，学生能分给国文的时间就更加有限，这种顿悟就几乎是不可能的了。正是由于这种时间的限制，教学方法就显得更为重要，即要明确究竟该"怎样读""怎样写"。

现在一说到学生国文程度，其意等于说学生写作程度，至于与写作程度同等重要的阅读程度往往是忽视了的。……单说写作程度如何如何是没有根的，要有根，就得追问那比较难捉摸的阅读程度。

这段文字旨在纠正许多人对于阅读忽略的问题。谈到国文程度时，往往都认为是写作能力，而阅读能力恰恰是比写作更加重要的衡量标准。这种错误理解的原因也在于衡量阅读程度是很有难度的，无迹可寻。叶先生在这里列举了朱自清先生的一篇名为《中学生的国文程度》的文章为例来加以说明。在文章中，朱先生将中学生写作不通概括为四种情形："第一是字义不明；第二是成语错误；第三是句式不熟；第四是体例不当，也就是不合口气。"之所以会产生这些原因，不仅仅是因为写作程度不够，也是因为阅读程度不够。阅读程度不够，一是由于阅读太少，二就是由于不得其法。那么，阅读应当掌握的方法有哪些呢？先生主要概括为以下两个方面：

> 阅读方法不仅是机械地解释字义记诵文句，研究文法修辞的法则，最紧要的还在多比较，多归纳，多揣摩，多体会，一字一语都不轻轻放过，务必发现它的特性。
> 阅读方法又因阅读材料而不同，就分量说，单篇与整部的书应当有异。……就文体说，记叙文与论说文也不一样。……就文章种类说，文言与白话也不宜用同一态度对付。

第一方面着重说明了充分理解字意词意的重要性。对于字词来说，并不是记住了就可以，更重要的是学会如何应用。而要达到应用的标准，就必须能够完全了解其中含义，从一个词语的语言背景到适用场合再到与其他词语的区分，都需要细细揣摩和研习，否则便难免一知半解，漏洞百出。只有做到深入理解并准确运用，才是真正懂得了怎样阅读，达到了阅读的效果，否则就是不得其法。

另一方面则说明了阅读方法也应该因材料而异。譬如单篇文章就要求要精细阅读，而整部书通常只在于知晓大意；记叙文一般着重学习作者的写作手法，而论说文则在于理解作者议论的途径；文言文通常要着重注意其中的虚字，以体会其中所表达的情感，白话文中的情感则有比较直接的表达。养成良好的阅读习惯，对于写作是十分有益的。细细揣摩了别人的文章之后，自己也自然知道应该如何写作，也就是养成了良好的写作习惯，将这种习惯持之以恒，发扬光大，国文程度自然也就会日益提高，国文教育自然也就获得了成功。

以上的内容均是为了强调叶先生在开篇所提到的第一个观念，在下文中，先生着重对第二个观念进行了阐释。

> 国文所包的范围很宽广，文学只是其中一个较小的范围，文学之外，同样包在国文的大范围里头的还有非文学的文章，就是普通文。这包括书信、宣言、报告书、说明

书等应用文,以及平正地写状一件东西载录一件事情的记叙文,条畅地阐明一个原理发表一个意见的论说文。中学生要应付生活,阅读与写作的训练就不能不在文学之外,同时以这种普通文为对象。

　　叶先生所提到的国文教育中所需具备的第二个观念就是,国文不仅仅包括文学,而是一个远远大于文学的范围,那么还包括什么呢,就是这段文字当中所提到的书信等非文学的文章,即普通文。这些普通文的实用性有时要远大于那些文学的文章,中学生掌握这些文章,有利于他们更好地生活和发展。如果在国文教育中只重视文学,就会导致教师忽略了平日里随处可见的杂志、报纸和各科课本、参考书等,而更加注重教学生读经史古文。经史古文正是文学当中很重要的一部分,教师教学生读这些,也并不是指望他们能够写出纯文学的作品,只是希望他们能够学写普通的文言。殊不知这些经史古文,由于具有很强的文学性,并不能很好地指导学生的写作,因此,学生文言写作的程度也得不到提高。如果让他们读一些普通的古文,如《三国演义》等,可能效果会更好。白话文的教授也是如此,由于教师本身并不教学生多读普通文,因此学生写出的那些所谓的普通文也多半是模仿纯文学的东西而成,落个"四不像"的结果。还有很多学生由此产生了错误的观念,认为平时日常生活中所引用的文章就是文学。诸如此类,都是由于在国文教学的过程当中,大多教学生读纯文学的作品而忽略了普通文的阅读和练习的缘故。

　　无论学习任何学科,都要从基本练习入手,国文当中的基本,就是这些普通文,这些文章的内容多半贴近生活、易于理解,其写作手法也较为简单并且实用,易于模仿,由此入手,逐渐深入,才能使学生最终理解和模仿更为深奥的文学。如果一上来就研究高深难懂的东西,可能一辈子都读不懂、写不出。普通文是每个人必须要经历的基本练习,也是必须要掌握的本领。阅读和写作普通文的能力一定要在中学时期就培养出来,这样到了大学时期才能研习更加深奥的文学作品,逐步提高国文能力。

　　至于经史古文与现代文的专习,那是大学本国文学系的事情,旁的系就没有必要,中学当然更没有必要。我不是说中学生不必读经史古文与现代文学,我只是说中学生不该专习那些。……应该选取那些切要的,浅易的,易于消化的,不宜兼收并包,泛滥无归。

那么,前文中那些教师所提倡的经史古文和现代纯文学的东西应该怎样学习呢? 在叶先生看来,中学生完全不需要专门研习这些作品,只需要选取一些简单的,容易理解的,稍加学习即可,至于一些深奥的文字和道理,也可以经过处理,使之简单易懂之后再交由中学生阅读和学习。比如《老子》中的文章,很多原文比较晦涩难懂,其中蕴含道理也十分丰富和深奥。对于中学生来说,只要阅读一些简要地介绍其思想的文章,大致理解其中所讲的道理就可以了,完全不必一一研习其原文。又如很多现代文学作品,虽然不失为是上上佳作,但是由于中学生阅读能力的限制,根本做不到甚解其意,那就不如暂时先挑选些浅显易懂的文章进行阅读,待国文水平逐渐提高之后再加研习不迟。至于文学的写作,尽管也有一些天资较高的中学生能够掌握一二,但是,对于大部分学生来说,能够掌握好普通文的写作即可,不需要一定能写出优秀的文学作品。

综上,中学生的阅读与写作练习重在掌握普通文,到了高中阶段,可以多阅读一些文学作品,但普通文的训练仍然十分重要,且作为高中生也同样不需要掌握文学作品的写作。只有在中学时期打下了坚实的基础,在将来真正接触文学时才能自然天成、游刃有余,切不可操之过急,奢求一步到位。

【见仁见智】

文章以国文教学的两个基本观念为核心,着重介绍了国文教学的方法,为广大国文教师提供了可资借鉴的宝贵经验。叶先生心系中学生的发展,从中学生的切实需要出发,批评了许多急于求成的错误做法,强调基础训练的重要性,并着重说明养成终身受益的习惯的益处,可见其用心之良苦。在现代语文教育教学过程当中,也不乏有些教师难以理解这些语文教育的基本观念,忽视了循序渐进的教学过程,不是步步为营,而是奢求学生可以无师自通,越群超众。叶先生的文章为我们敲响了警钟,语文教育只有从最基本的练习出发,脚踏实地、有条不紊地进行，并最终帮助学生养成良好的阅读和写作习惯，帮助其实现自身发展，才能真正实现教育意义。一代教育大师对于教育教学思考得细致入微令我们感叹，更加值得所有教育工作者学习。

名著之三：《国文随谈》

【初映眼帘】

《国文随谈》一文分为"从国文课程标准谈起""谈谈实施情形""求甚解""写作是极平常的事"四个部分，分别发表于1941年1月至4月间，是叶先生因当时几期本志中几篇谈到国文课程与国文学习问题的文章有感而发，探讨国文教育的文章。文章分别从课程标准中对中学生国文程度的要求和训练、教师在国文教学中的几种错误方法、阅读的方法与写作的方法等角度入手，围绕国文学习方法这一核心内容展开。叶先生在这几篇文章中详尽地介绍了应如何学习国文，文章虽名为"随谈"，实则是先生依据自己多年的教育教学经验，从学生的需要和教学实践出发所总结出的精辟的教育理论。在写作过程中，为便于教师和学生理解，先生又列举了多个实例对理论加以说明，可谓用心良苦。先生的这些国文教学理论对当时的中学国文教育具有极大的指导性意义，对于今天的语文教育也具有重要的借鉴性意义。

【丝分缕解】

一　从国文课程标准谈起

各学科所教授的课程都是依据教育部颁布的课程标准制定的，国文也不例外，在国文课程标准中，明确地规定着教学目标、教学时间分配、教材形式和内容、教学方法的实施等问题，这些课程标准都是经过长时间的商讨和研究最终确定的，具有很高的科学性，因此，只要教师遵循这些标准来教学，使学生取得合格的成绩应该不是什么难题。

在初高中国文课程标准里，一贯地把修习国文的工作分为两项，就是阅读和写作。现在先说阅读。初中标准"目标"项下的第四目是"养成了解一般文言文之能力"，所以初中教材在语体文之外，要兼选文言文。高中标准"目标"项下的第三目是"培养学生读解古书，欣赏中国文学名著之能力"，所以高中的大部分教材要从"古书"与"文学名著"里去选。

叶先生列出了初高中国文课程标准里有关阅读的内容，并就其中需要注意的事项进行了阐释。首先是初中文言文要求之前的"一般"二字，即是一般文言文，自然不是指古书和文学名著，而只是较为浅显易懂的文言文字。为什么要求初中生掌握这些一般文言文呢？主要是由于当时的报纸、书信之类的应用文中还存在着部分文言文字，学生在日常生活中能够接触得到，因此需要他们具备初步的阅读理解能力。而对于高中生，则要求他们具有欣赏古书与文学名著的能力。古书当中蕴含着我国几千年的悠久历史和丰富的文化遗产，但是这些东西自然可以由学者转化成更加简单易懂的文字再交由学生阅读。只有文学作品，欲品味和鉴赏文学本身，就必须要能够理解文字中蕴藏的深意，而文学本身也是我国历史文化中的瑰宝。因此，作为一名高中生，无论将来考取大学的何种专业，对我国的文学具有一定的鉴赏能力，进而深入了解中华民族的悠久文化都是十分必要的。

既然在上文中提到了，中学生阅读一般文言文和高中生阅读古文，都是由于时下的书籍和应用文当中仍有很多文言文存在，因此，学生必须具备这种能力，那么也就是说，如果所有的应用文和常识类书籍，都转化为语体文，学生便不再需要学习这些一般文言文和古书了。如此这般，初中生只需学好语体文，而高中生也可以只阅读文学名著，便可以节省大量时间，提高学习效率。这需要多方面的努力，尤其需要多为中学生编写适合他们阅读的书籍。

现在再说写作。初中标准"目标"项下的第三目是"养成用语体文及语言叙事说理表情达意之技能"，所以初中只须练习语体文的写作，毫无问题。高中标准"目标"项下的第二目是"除继续使学生能自由运用语体文外，并养成其用文言文叙事说理表情达意之技能"，第四目是"培养学生创造国语新文学之能力"，这就应该注意想一想了。

　　首先说初中，语体文后面还加了"及语言"三个字，意思是说语体文是根据语言而来，却又不等同于语言。语体文是根据国语形成的，因此欲写出语体文，必要有国语的训练，只有把国语训练到能够叙事说理表情达意的程度，进而能够写出来，才算是掌握了语体文的写作。在叶先生看来，这样的表达还不够准确，如果改成"语言及语体文"就更加准确了。再说高中，"继续"二字表明了语体文的练习还是要进行的，除此之外，还要"培养学生创造国语新文学之能力"。就字面的意思来看，是说要求学生至少要具有写作国语新文学的能力，但事实上，这里的"新文学"指的就是"语体文"。因为语体文并不是把平日里所说的话直接写下来，还需加以修饰，所以，很多人便称之为"新文学"，"用带着文学意味的语体文写文字，就成所谓国语的文学了。"由于现在语体文还没有普遍应用，其文学也没有完成，所以就要逐渐地"创造"，以尽快完成它。其实这里就是要求高中生能写"文学的国语"的语体文。高中生国文教学还有另外一个目标即文言文的写作。叶先生认为，这里要求高中生掌握文言文的写作和前文中要求初中生要阅读一般文言文是同样的作用，那就是当时还有很多应用文是用文言文写成，因此作为高中生必须具有文言文写作的能力，如果语体文有一天可以完全替代文言文，那么也就没有这种必要了。叶先生在这里一再强调用语体文来替代文言文，并非是认为文言文不好，而是因为语体文更便于现代人表情达意。课程标准当中从初中生要求初步掌握语体文的写作，到要求高中生能够熟练地运用语体文，也正是这个道理。

　　在叶先生看来，无论是教育当局还是文化界，都应该联合起来倡导以语体文代替文言文，当人们在日常生活中不再使用文言文的时候，课程标准当中要求初中生阅读文言文和要求高中生写文言文的条目就可以全部取消。那么，什么人应该去阅读古书和研习文言文呢？大学国文系的学生尤其要读，以便于透彻地理解中国古代的语言文字。至于大学文法系、历史系、政治系等学生也应当适当地阅读相关古书，以便加深对本学科的理解。至于写作文言文，就只有大学国文系的学生和专门研究国文的人需要学习和掌握了。

二 谈谈实施情形

在这部分当中,叶先生主要列举了几种教师教授国文时的错误方法,加以分析和指正,以说明何种教学方法才是真正合适的。先生主要列举了七种教师——加以分析,这七种教师所代表的其实是七种错误做法,因此,这些做法之间并不是独立的,有些教师身上可能同时存在几种错误。以下对这七种错误进行逐一的介绍(为方便说明,将每一种错误方法和叶先生对其进行的纠正列在一起进行说明):

有些国文教师以为教学国文就是把文字一句一句讲明,而讲明就是把纸面的文句翻作口头的语言。从这一种认识出发,便觉得文言是最可讲的教材。……至于语体文,在他们看来,与口头的语言差不多,那还有什么可讲呢?

第一种教师只知道把纸面的文句翻作口头的语言,这在讲解文言文的时候,固然是一种必要的工作,然而也不是唯一的工作。……上课是教师与学生的共同工作,而共同工作的方式该如寻常集会那样的讨论,教师仿佛集会中的主席。第一种教师把共同工作误认作单独工作,又把单独工作的范围限得很窄,于是学生只有静听译文言的份儿了。

第一种错误做法说的是某些教师在国文教学的过程当中,只注重文言文的讲解而不重视语体文的讲解。因为他们把国文教学简单地理解成是一字一句地讲解文字,由于文言文中很多文字是学生所不能理解的,他们就一一讲给学生听,国文课俨然成了翻译课,翻译完了,课程的任务也就完成了。至于语体文,和平时所说的话差不多,没有什么需要翻译的地方,所以自然不需要他们加以讲解。

这类教师的错误在于,他们认为国文教育唯一的工作就是逐字逐句地讲解。而根据国文课程标准,学生在课前应翻查工具书,完成预习工作。试着去翻译那些晦涩难懂的文字，正是学生所应做的工作，教师只需纠正他们的错误，不需要替他们代劳。讲课的时候，应注重对文章中的一些写作手法的讲解，并帮助学生体会其中内容及其背景，这些第一类教师都没有做到。至于语体文，绝不是没有讲解的必要，课程标准中规定了"课前要使学生预习，课内要'引起其自学之动机'，指导学生做种种的研究，课后又要'令学生自行研究'"，因此，国文教学应该是教师与学生共同配合且应主要以学生为主的，教师只是起到指导作用，第一种教师的错误就在于他们把教学当成完全是自己的工作，而且又把工作的内容看成是简单的翻译，那么，学生所能学到的便十分有限了。

有些国文教师喜欢发挥，可是发挥不一定集中在所讲的那篇文字。

第二种教师把讲说推广到相当限度以外去，虽然能够引起学生的兴趣，但蔓延得愈广，对于选文本身忽略得愈多。并且，从选文中摘出几个词儿几句句子来大加发挥，是不能使学生了解整篇的各方面的。

第二种错误做法是说某些教师在讲课的过程当中十分愿意扩展讲解很多内容，而且这扩展的内容很多都与文章本身无关。比如文章中提到了某一座城市的名字，教师就此便开始给学生讲解许多关于这个城市的风土人情、城市发展等等；如果文章中提到了某一位著名人物的名字，教师便对这一人物的外貌、成就乃至整个家庭背景都进行极为详尽的介绍。这些必然将占用大量的课堂时间，等到该书归正传的时候，往往已经下课了。

这些教师的做法固然可以在很大程度上引起学生的兴趣，然而，将时间过多地用于讲解这些扩展的内容，必然就忽略了对于文章本身的内容和文法等的分析，难免舍本逐末。同时，针对文章中的某一细小之处就大加扩展，对于学生把握和理解整篇文章也是没有任何益处的。

有些国文教师忧世的心情很切，把学生的一切道德训练都担在自己肩膀上。

第三种教师显然把国文科认作公民科了。即使是公民科，教学的收效也不在学生熟读公民教本，而在学生能够按照公民教本所讲的来实践。说国文科绝对不含道德训练的意义，固然不通，但是说国文科的意义就在道德训练，那也忘记了国文立科的本旨了。

第三种错误做法说的是许多教师在国文教学当中尤其注重道德的训练。这道德训练是如何进行的呢，就只是让学生诵读一些相关文章，他们认为学生读完了这些文章，自然就能具备其中所谈的道德。他们的讲解，只限于文章中有关道德方面的内容，至于文法方面，自然完全忽略。只要学生能够理解其中的部分内容，他们就认为是完成了对学生道德的培养。

这种教师错误地把国文科当成公民科来教授，忽视了国文科应当培养学生阅读写作能力，以提高国文程度的实质，而把它当作是培养学生道德品质的平台。更何况即使是公民科的讲授，也并不是只诵读几篇相关文章即可，而重在学生的实践过程。各学科的教授固然均应符合对学生道德的培养原则，但是，如果在国文课中一味追求道德的培育，自然是忘本的。

有些国文教师喜欢称赞选文，未讲以前，先来一阵称赞，讲过以后，又是一阵称赞，而所用的称赞语无非一些形容词或形容语……

第四种教师……专用形容词形容语来称赞一件东西，表白自己的印象的作用多，指导人家去体会的作用少。

第四类错误做法是指有些教师喜欢一味地称赞所选的教学篇目。无论是在讲授之前还是之后，他们都不忘运用大量的溢美之词来称赞文章，并要求学生也深有同感。学生有时对这些称赞稍能理解，有时却完全是一片茫然，只是听从教师的罢了。

这种教师的错误在于他们剥夺了学生思考的权利。既是教材中所选择的篇目，诚然是好的，但是这种好应该由教师指导学生来细细体味。如果仅仅是教师一直在说好，并不能引起学生的共鸣，学生只是鹦鹉学舌，并不能深刻体味其中深意，也难以真正体会其中妙处，这无异于剥夺了学生思考的权利，简单机械地灌输。

有些国文教师喜欢出议论题教学生作，……这些议论题并不要学生说自己想到的见到的话，只是教学生把听来的看来的话复述一遍。

第五种教师教学生把听来的看来的话复述一遍，诚然也是一种练习的方法，可不是切要的方法。学生为什么要练习作文呢？一方面为要练习语言文字的运用，另一方面也为生活上有记载知闻与表白情意的必要，时时练习，时时把知闻记载下来，情意表白出来，这样成了习惯，才可以终身受用。

第五种错误做法是，有许多教师喜欢出一些议论题来让学生写作，而这些议论题往往是比较高深的，如战争时期的形势、历史的变迁和道德修养等，若要完成这些题目的写作，必须要求作者要具有丰富的阅历、明澈的洞察力，并且对于问题既要有透彻的认识，又要有缜密的逻辑思维，而这些对于一名中学生而言显然是不可能具备的。这些教师自然也知道这个道理，那么他们这样做是为了什么呢？就是要让学生把他们所听来的话进行复述。究其出这类题目的原因，无非是为了应付考试，实际意义并不大。

复述别人的话自然也是一种练习方法，但是所谓写作更应该是表达内心情思的，这就要求题目的设置要符合中学生的阅历和思想，让他们有感而发，有话可说，说出自己内心的真实感受。如果只是一味地复述别人的话，那么久而久之，便不会表达自己的思想了。至于那些教师所说的为了应对考试的理由，时下许多入学考试确实有这样的题目存在，但这是考试的弊端，应当逐步改善，而不能让教学为了适应这些弊端而改革，那将陷入恶性循环当中，必将阻碍教育事业的发展，更将贻害所有中学生。

有些国文教师看学生所写的文字，只觉得他不通，勾掉愈多，愈感觉满意。这是第六种教师。

有些国文教师看学生所写的文字，不问是该句号读号的地方，都在那里打一个圈，表示眼光并没有在任何地方跳过。圈下去圈下去圈到完毕，事情也完毕了。……这是第七种教师。

第六第七两种教师对于学生的习作的看法是相反的，然而他们有个共通之点，就是没有评判的标准。……评判的标准，简单说来，就是逻辑与文法。不合逻辑不合文法的地方才给修改，其余都得留着，因为作文是学生拿出自己的东西来，只要合于逻辑与文法，你没有理由不许他们这样说，定要他们那样说。

第六和第七种错误方法可以合在一起说，即对学生习作的错误看法。第六种教师认为帮助学生修改习作是修改得越多越好，他们不仅指出学生文章中的诸多不足之处，甚至按照自己的想法帮他们修改，至于为什么这样改，却不对学生说明，学生只是简单看看，便不再管了。而第七种教师却正相反，他们往往只是在学生的习作当中从头圈到尾，表明自己都一一看过，至于究竟问题在何处，学生却全然不知。当这样的批改返回学生手中，学生更不会仔细研习，因为看不出和原文有任何不同之处，至多是在结尾多了一个评语，自然也就不必研习了。

这两种错误方法都在于他们错误地指导了学生的习作。第六种教师是过度地修改了学生的文章。叶先生认为，文章的评判标准无非只有文法和逻辑两类，只要学生的文章在文法和逻辑上没有大问题，那么用何种语言表达便都是可以的，教师没有理由一定要学生按照自己的语言风格和习惯去表达他们的情思。更何况，他们在修改之后并不对为何这样改加以说明，学生自然更加无法理解，这种修改也就因此而没有意义了。至于第七种教师那样完全放任自流的方法也是不可取的，中学生的文字能力毕竟有限，在逻辑和文法上不可能毫无问题，因此，这些教师没有指出应该指出的问题的做法也是错误的。

以上这七种教师的错误都是没有很好地掌握实施方法的结果，这些教师不能说对学生就全无帮助，但诚然是有限的。究其原因，还是由于他们对国文缺乏正确的认识，其实国文教学并不是那样深奥，只要教师悉心研究课程标准，相信是可以找到正确的教学方法的。我们应该对所有教师抱有信心，相信他们都会积极努力，走到正确的国文教学轨道上来。

三 "求甚解"

这部分主要谈的是阅读的方法问题。首先，叶先生强调了在国文学习当中，个人的努力是最为重要的，教师的指导只是一个方面，因此，学习的主体应该是学生自己。那么，怎样才能学好国文呢？必须要掌握正确的学习方法。国文学习的事项包括阅读和写作，二者都有自己适合的学习方法。在这部分当中，先生先谈到了方法的重要性和应如何正确运用方法，随即又着重对阅读的具体方法进行了阐述。

对于方法，懂得是一个阶段，应用又是一个阶段。不讲究方法固然根本不对，而讲究方法，只到懂得为止，也还是没有用处。必须使一切方法化为自身的习惯，那才算贯彻了学习国文的本旨。

先生在前两部分的论述当中已经充分说明了方法的重要性，在这里就不一一赘述了，而懂得方法的重要性并不代表就能掌握正确的方法，必须首先知道什么是正确的方法，之后将这种方法化为习惯，这样才能真正提高国文程度，也才能受益终身。那么，什么样的方法才是正确的方法呢，先生接下来首先对阅读的方法做了具体说明。

所谓方法，指的是什么呢？先就阅读说，"不求甚解"不是方法，反过来，"求甚解"便是方法。要做到"求甚解"，第一步，自然从逐词逐句的了解入手。仅仅翻了字典，知道这一词这一句什么意思，还不能算彻底了解，必须更进一步知道这一词这一句在某种场合才可以用，那才是尤其到家的方法。

这一点着重说明的是阅读时理解字词句子的方法。所谓理解字、词、句的意思，并不是简单地从字典中查出它的释义即可，而是要真正了解这个词语的意义、适用场合、与其他词语的区别等等。这里叶先生举了几个例子。比如"场合"一词,我们只有弄清为什么教室不能说成是上课的"场合",而什么时候应该用这个词,这才算是真正理解了这个词。又如许多约定俗成的成语,既然是大家公认的,就不能随便更改,比如"不三不四"就不能说成"不五不六"。在理解中还要注意一些意思相近或相似的词的区分,互相比较,达到能够准确运用的程度。词语的学习是一个长期积累的过程,除了日复一日地累加,没有什么捷径,因此,学习语言文字万不可企图一蹴而就,必须要埋头苦学。

词句既已了解,第二步,便可以从头到底,看通篇讲些什么了。要看通篇讲些什么,只做到逐句解释得清楚的地步是不够的,还得辨明它的主旨在哪里,与它怎样表现它的主旨。主旨是文字的灵魂,不辨明主旨,读如未读。

第二点说的是在逐字逐句地理解了词语之后,还要从宏观的角度,把握文章整体的脉络和中心思想。要明确文章的主题内容,只靠理解词语的意思是远远不够的,必须要找到文章的中心思想是什么,整篇文章是如何体现这中心思想的。只有把握了文章的主题,才能真正理解一篇文章的写作意图,理解作者所写的内容。这里叶先生也以两篇文章为例来加以说明,一篇是朱光潜先生的《谈动》,一篇是鲁迅先生的《孔乙己》,为便于理解,这里选取大家更为熟悉的《孔乙己》为例进行说明。譬如我们学习《孔乙己》,不能只简单了解故事讲的是一个穷人的落魄就算完事,而应该深入分析其中的细节,寻找出故事线索,以准确把握整体的文章脉络和鲁迅先生想借此表达的中心思想。对于文章中一些重点的能够体现作者写作意图的语句,也要进行深入具体的分析,如文中多次提到了"店内外充满了快活的空气",这是具有强烈的讽刺意味的。只有这样深入分析,才能有利于我们把握文章的感情基调,体会作者的写作意图,对这些内容分析得越仔细,就越有利于我们学习文章的写作手法,也更加有利于我们把握文章的中心思想。

文字各式各样,阅读方法自也不能一律。多读些文字,练习到的方法就多些。……文字最好能读熟。文言不是咱们现在口头的语言,要习惯它的调子,要辨出它的情

104

味，固然非熟读不可，就是语体文，要体会出作者用词造语的妙处，也得熟读。

　　这里又介绍了阅读中应注意的两点：首先，由于文章类型的不同，阅读方法自然也不尽相同，要想掌握更多更好的阅读方法，自然就需要多多练习阅读。如果是在国文课堂上，这些方法既可以由老师进行指导，学生再仔细体会，也可以由学生提出，教师再适当地修改和补充；如果是自学国文，这些方法也可以在不断练习的过程中总结出来，之后再运用到以后的阅读训练当中。其次，所有的文字都需要熟读。文言文是我们平常接触不到的文字，想要理解其中的含义，必然要通过反复诵读；至于语体文，也应该熟读以体会作者遣词造句的手法。学习文章，并不是读一遍知道大概意思即可，而需要不断地体会和咀嚼。正所谓"温故而知新"，每一次阅读都会有不同的体会和收获。

　　以上指精读而言。还有所谓略读，方法其实与精读一样。课程标准所以把阅读分作精读略读两项，原来着眼在读物的分量方面。

　　介绍完了精读的方法，叶先生又在这里继续对略读加以介绍。略读的方法和精读大体都是相同的，至于分为精读和略读，主要是由文章内容分量的多少而定的。短篇文章内容相对较少，比较容易分析和讲解，因此，多半拿到课堂上用于教师和学生之间细细分析。至于书籍，由于篇幅较长，课堂时间有限，只能留给学生用课堂上所学的精读的方法，在课余时自行阅读。这"略"字是指教师对于学生的指导相对简单，绝不是说略读可以马马虎虎、浅尝辄止。至于自学的人，不受课堂时间的限制，那么也就无所谓精读或略读了，仅凭文章的深度和自身阅读和理解能力来判断是否需要深刻剖析即可。

四　写作是极平常的事

　　前一部分已经极为详尽地介绍了阅读的方法，这一部分便谈到了写作。在先生看来，写作就是说话，只不过是通过书面的形式表达而已。这种表达含义深浅都不要紧，最重要的是言由心生，表达出的须是自己的真情实感才好，因此，和我们平时说话一样，必须要讲究"诚"。接下来，叶先生以小孩学说话为喻，解释了学写作的过程。孩子从出生到能够流畅地表达是一个极为漫长和艰难的过程。他们从最开始从大人口中简单地模仿到一些字词，到能够通过说话使大人知晓他们的意思，以满足他们的需求，这中间，如果一旦表达发生了错误，就可能不能满足自己的欲望，比如将"吃"，说成了"抱"，那么大人可能就不能准确领会他们的需要。从此，孩子便开始学着纠正这些错误，以期能够正确地表达自己的需求。慢慢地，他们能说整句话，能讲一个简单的故事，到上学之后，他们能够记下课堂笔记，学会写信都如同他们要学会说"吃"一样，是为了满足生活的需要。这些都是极其自然的事情，因此，写作是和说话一样平常的事。

……写作是极平常的可是极需要认真的一件事。这个观念很关重要，非在学习写作的时候认清不可。

上文中已经说明了写作是源于日常生活需要的，因此同说话一样，是极平常的事，尽管如此，在学习写作的过程当中，一定要认真才行。在封建社会科举制中，学生写作只有一个目的，那就是为了迎合考官的心意，写出能够中举的文章，以顺利地走上仕途。现在的学生，尽管也面临着各种考试，却不应该只是为了应付考试而写作，更不是为了将来一定要成为大作家、大文学家而写作。之所以人人都要学习写作，正是因为它既平常，又是人生所必需。比如课堂上的学习需要记笔记，与朋友交往需要写书信等等，正是因为写作在日常生活中无处不在，如果不能较好地掌握写作的技能必然会对正常生活产生影响，因此，我们要认真地学习。

在科举考试中，要求学生作经义、策论等等，学生并不是圣贤，却必须言圣贤之言，并非君主，却必须要替君主谋治国之策，这显然是不正确的。而现在有些教师，和科举时期的要求没有什么区别。他们总是布置一些超出学生能力范围的题目让学生去写，这样做也是为了应付考试，认为考试出什么题目，平时就应该训练什么样的题目，这和科举时期有什么区别呢？学生之所以写作，应该是为了日常生活的需要和表达个人的情思，考试中要求学生写一些超出他们生活的题目是一种弊病，早晚会得到改革，而教师绝不能将错就错，因为考试这样要求，就耽误了学生正常的写作训练。只有首先明确了学习写作的正确观念，才能谈到怎样认真地学习写作。

认真地学习写作也不是什么艰难的事情。简单地说，自己有什么就写什么，就是认真。……其次，写什么定要竭尽自己的能力把它写出来就是认真。

前文中已经说到了写作是为了生活的需要和表达个人的情感，因此，所写出来的东西自然是源于作者对于一件事物的感受，或者某种情感的表达，只要所写的是真实表达自己真实想法的，这就做到了认真，如果为了应付考试等目的勉强而写，不是发自内心，便是不认真。其次，能够表达自己的心意是一方面，而写作还有一方面的作用，就是要让读者领会你的意图。如果写出的文章只有自己看得懂，别人都不明白，这也不是好文章。要做到这点，就需要一定的写作技巧和功底了，这种技巧需要在不断训练当中不断掌握，写作能力会一天强于一天。在每次训练时，都应该竭尽当时自己所有的能力来写好，这也就是认真了。因为能力是不断增长的，如果每次写作时都能竭尽当时的能力，自然也就是一直认真了。相反，写什么东西都是马虎应付了事，自然就是不认真。以上说的是写作的两个技能，如果能做到这两点，那么必将养成良好的写作习惯，培养出良好的写作能力，终生受用。

以上都是理论，现在要谈到方法了。学习写作的方法，大家知道，该从阅读和习作两项入手。就学习写作的观点说，阅读不仅在明白书中说些什么，更须明白它对于那些"什么"是怎么说的。

写作的训练方法包括阅读和习作两项。站在学习写作的角度上，阅读就不仅要求我们理解文章的内容和主旨，还需要研磨作者是通过什么样的语言和写作手法来表达这些内容和主旨的。作者的这些写作语言和写作手法对于学习写作的人尤为重要。这里面还包括了正反两个方面的意思：从正面来说，我们在阅读一些经典文章时，可以仔细研究作者的写作手法，每一句话都是通过怎样的语言来达到其写作目的的等等。研究之后，便可以在平日练习写作的过程中进行效仿，长此以往，就能掌握很多写作技巧，语言方面也会更加丰富；从反面来说，对于一些没有很好地运用语言和写作手法的文章，我们也可以拿来研读，找到其中的不足之处，并在今后自己写作的过程中注意这些问题，不犯类似的错误，这种方法同样可以使写作水平得到提高。

至于习作，最好在实用方面下工夫。说清楚一点，就是为适应生活上的需要而写作，同时便认真地学习写作。

叶先生在文章中已经不断强调了写作应为生活实际需要而写，在这里更是详细地加以说明。如果在生活中遇到需要写作的时候，一定要把握时机，马上动笔去练习，在练习之前，应想好应该如何写，写完之后，又应该回头检查一下自己所写的内容是否是心中所想，如果是，自然就达到了写作目的。其实写作并不是什么难事，之所以很多人都认为它难，就是因为没有把握好恰当的写作时机。心中有情感需要表达时没有动笔，待到动笔时，心中已没有任何想法，实际生活中也并无需要，自然是难以写出文章来。如果每次都能做到及时动笔，就能养成良好的写作习惯，随时随处记录自己的情思，如果学生能够做到如此，那么，教师也就不再需要强行地留一些命题作文要求学生完成，因为他们已经达到了训练的目的。但是如果学生自己不肯主动动笔，教师就必须要强行规定了。这里说的是那些方法得当的教师，他们所留的题目也多半是开放式的，可以让学生因人而异地表达情感的。对于那些为了应对考试而布置一些超出学生生活的题目的教师，正因为学生在他那里得不到很好的写作练习，就更加需要在平常生活中随时抓住练习的机会。

写作虽说就是说话，究竟与寻常口头说话有所不同。……咱们要写作，必然有个

主旨。……写作的时候，有关主旨的话才说，而且要说得正确，说得妥帖，说得没有遗漏；无关主旨的话却一句也不容多说，多说一句就是累赘，就是废话，就是全篇文字的一个疵点。

我们平时说话可以较为随意，想到一句说一句，而写作却不同。写出来的文章必须要有一个中心思想，即先生所说的主旨。写作的内容都要围绕中心思想展开，和中心思想无关的话不能写，否则就是多余的，会影响整篇文章的效果。相反，如果想到哪就写到哪，不管中心是什么，那么写出来的东西也是不知所云，自己都不知道要写的是什么，就更不可能指望别人能够读懂了。而且文章的中心思想应该是十分明显的，一目了然的，不仅作者要成竹在胸，读者也要一读便知才好。这就要求作者在写作之前必须做到心中有数，即使不列出书面的写作提纲，心中也必然要有一个提纲，这样才能真正达到写作目的。

一段文字由许多句子合成，句有句式；一句句子由许多词儿合成，词有词义。句式要用得妥帖，词儿要用得得当，全在平时说话和阅读仔细留心。

这里谈到了写作时要注意的另一个问题，就是词语和句式的运用问题。每个词语及句式都有其特定的含义和适用的场合，只有做到准确运用，才能为文章添彩。这就要求学生在平时阅读和说话的过程中留心词语的含义和适用范围，到写作时才能够信笔拈来，准确运用。对于那些生疏的词语和句式，绝对不要乱用，在用之前一定要弄清这种场合下用来是否合适。文章中可以没有华丽的词藻和语句的修饰，但是如果错用了词语和句式是万万不行的。这点尤其重在平时的积累，只有平时细心地点滴积累，才能做到运用自如，下笔如有神。

【见仁见智】

在《国文随谈》一文中，叶圣陶先生运用准确而生动的语言，将国文一科的学习方法展现在我们眼前。既从宏观角度为我们树立了国文教学的正确观念，明确了教学目标，又从微观角度细致入微地分析了具体的教师教学方法和学生学习方法。这种种方法在我们今天看来仍然是行之有效的。比如先生一再强调要养成终身受用的习惯，这无论是在语文教学当中还是在人生的任何方面，都是极其重要的；又如先生所指导的阅读中对于精读和略读的区分，可以纠正很多人在这方面存在的误区；再如先生在谈写作的方法中所强调的有感而发、随时提笔等等，对于我们明确写作目的、自觉地加强写作训练具有重要的提示作用。分析如此精细，足可见先生对国文教学的热爱以及欲竭尽所能帮助中学生提高国文程度的教学热情。作为现代教育工作者，不仅要学习叶先生的教学方法，更要学习先生心系教育的动人情怀。

名著之四:《中学国文学习法》

【初映眼帘】

《中学国文学习法》一文原题为《中学各科学习法·国文》,发表于1948年7月,是叶圣陶先生指导中学生学习国文方法的文章。文章分为"认定目标""靠自己的力阅读""阅读举要""写作须知""写作举要"和"写字"六个部分,分别介绍了国文学习的目标,以及阅读、写作和练字的具体方法。文章结构清晰、炼字炼句、言辞恳切,力求给予广大中学生最适当的指导,十分适合中学生阅读和学习。文章中对阅读、写作和练字的许多具体方法分条列出,一目了然地展现在读者面前。相信文章中的许多方法必然会对广大中学生以极大的帮助。今天的中学生若重温此文,也必然会受益无穷。

【丝分缕解】

一 认定目标

学习国文该认定两个目标:培养阅读能力,培养写作能力。

先生在这一部分伊始便明确提出了国文教育的两个目标,那就是培养阅读能力和写作能力。由于培养的是一种能力,自然不是一朝一夕的事情,不仅需要不断努力,而且必须掌握正确的方法才可成功。因此,学习国文是一个长期努力的过程,必须不断地练习。我们在课内教学生读教材中的文章,其目的不是让他们仅理解这些文章即可,而是为了培养学生具有阅读的能力,使他们能够独立阅读各种文章;我们在课内教学生练习作文,目的也不是会写几篇命题作文,而是培养他们的写作能力,使他们可以随时用写作来满足生活中的需要,表达情感。在明确了这两个目标之后，叶先生列举了他认为一名高中毕业生应具备的阅读和写作能力：

　　阅读方面——（一）能读日报和各种并非专门性质的杂志；（二）能看适于中学程度的各科参考书；（三）能读国人创作的以及翻译过来的各体文艺作品的一部分；（四）能读如教本里所选的欧阳修、苏轼、归有光等人所作散文那样的文言；（五）能适应需要，自己查看如《论语》《孟子》《史记》《通鉴》一类的书；（六）能查看《国语辞典》《辞源》《辞海》一类的工具书。这里所说的"能"表示了解得到家，体会得透彻，至少要不发生错误。

　　写作方面——（一）能作十分钟的演说；（二）能写合情理合式的书信；（三）能把自己的所见所闻所思所感记下来；（四）能写类似社会中通用的文言那样的文言。这里所说的"能"指表达得正确明白而言，至少也得没有语法上论理上的错误。就演说和书信说，还得没有礼貌上的错误。为什么把演说也列在写作方面？因为演说和写作是同一源头的两条水流，演说是用口的写作，写作是用笔的演说。

　　叶先生认为，一名高中毕业生能掌握这些，国文程度就算可以了，自己也能够受用，至于那些比较难懂的古书和纯文学作品等，能够掌握固然是好的，但也无需勉强，量力而为即可。

二　靠自己的力阅读

　　阅读要多靠自己的力，自己能办到几分务必办到几分；不可专等老师给讲解，也不可专等老师抄给字典辞典上的解释以及参考书上的文句。直到自己实在没法解决，才去请教老师或其他的人。

　　这段话解释了什么叫作"靠自己的力"，即尽量自己去解决阅读当中遇到的问题，查阅工具书等弄清文章的字词，并且对文章的内容等要有自己的理解，不能一味只等待课堂上老师的讲解，自己首先对文章有一个体会，实在弄不清楚的问题，再请教老师或他人。只有这样，才能培养出阅读能力。要靠自己的力阅读，就要有所准备。这准备并不是说平时就需要把字典从头看到尾，而只需在平日里多留心，查阅过的字词都尽量熟悉，这就是做了准备了。那么平日应该留心哪些呢？先生在下文中列举了几点：

> 应做的准备大概有以下几项：(一) 留心听人家的话。…… (二) 留心查字典。…… (三) 留心查辞典。…… (四) 留心看参考书。

这几项就是先生说的在平日里需要做的准备。首先是留心人家的话，听别人说的话也是一种阅读。我们通过听别人说话，可以学到很多方法，比如人家表达的方式、技巧，词语的选择等等，都可以供我们学习。在听的同时，除了看是否听清楚之外，还要自己斟酌他说的话是否正确，观点是否鲜明，词语运用是否得当等，这些也都可以为提高阅读能力带来帮助。其次是留心查字典。我们在平日翻查字典，不是简单看看字义了事，而应该仔细阅读字典上的每一条，掌握这个字词的每一个意思，并通过阅读例句，来学习这个字词应该用在什么样的场合，再试着自己举举例子，看看是否掌握了这个词的用法，这才算做到了留心。长期坚持下去，在以后的阅读中词语的障碍就会越来越少，读起来也就更加容易了。第三是留心查辞典。这跟查字典差不多，不同之处在于辞典当中一般含有这个词语的历史文化背景、相关知识等等，这些也都可以供我们学习。这样不仅能够充分地理解词语，也可以掌握更多的知识。最后就是留心看参考书。这里所说的参考书并不单指教材的参考书，而是泛指所有我们写作可以用来参考的书籍。这些参考书种类繁多，并不一定需要全部购买，可以充分地利用图书馆的资源，阅读得越多，掌握的知识就越多。以上说的这些准备都是一种积累，只有平时日积月累，阅读能力才能逐步提高，最终达到能够流畅阅读各类书籍文章的程度。

三 阅读举要

做好了上一部分所谈到的那些准备，阅读已经不是什么难事了。阅读，顾名思义，必须要"读"，读不仅指放声诵读，默读和用眼睛看文章和书籍都是阅读。下面，先生谈到了一些具体的阅读方法。

　　无论怎样读，起初该用论理的读法，把文句中一个个词切断，读出它们彼此之间的关系来。又按各句各节的意义，读出它们彼此之间的关系来。

　　这点是说阅读一篇文章除了要把握文章的大意之外，句和句之间的关系，节与节之间的关系也很重要。一篇文章中的节与节，一节当中的句与句，往往关系密切。他们或是相互承接，或是互为因果，总之必然相辅相成，为一个共同的主旨服务。只有弄清了这些关系，才能帮助我们更好地理解文章的主旨，不至于糊里糊涂或一知半解、断章取义。

　　读过一节停一停，回转去想一下这一节说的什么，这是个好办法。读过两节三节，又把两节三节连起来回想一下。这个办法可以使自己经常清楚，并且容易记住。回想的时候，最好自己多多设问。

　　读一篇文章，不应该只顾埋头苦读，而应该适时停下来，对刚刚阅读过的内容加以思考，在这个过程当中，最好多多设置一些问题。比如文章是怎样描述、说明或议论的，用了哪些表现手法等等，"学而不思则罔"，只有在阅读的同时，不断地进行思考，才能真正达到阅读的目的。

　　读一遍未必够，而且大多是不够的，于是读第二遍第三遍。……总之，阅读以了解所读的文篇书籍为起码标准。

　　这一点说的是阅读要达到什么样的程度。只读一遍，草草了事，并不是真正的阅读。阅读往往需要反复地咀嚼和品位，才能了解文章或书籍中作者所想表达的深意，这样我们才能对文章给予正确的评价，只有这样的阅读才真正达到了提高阅读能力的效果。

在阅读的时候，标记全篇或者全书的主要部分，有力部分，表现最好的部分，这可以帮助了解，值得采用。

这种标记的方法是我们在日常的阅读当中经常运用的方法之一。这种重点标记不仅可以帮助我们清楚地分析文章的重点在哪，什么地方是需要我们着重理解的，哪些手法是值得我们积极学习的，也便于我们加深对文章和书籍的印象，在今后再次阅读时，可能只需将这些标记出来的内容反复阅读和体会即可。

说理的文章大概只需论理地读，叙事叙情的文章最好还要"美读"。所谓美读，就是把作者的情感在读的时候传达出来。

叶先生所谈到的这种阅读方法就是我们在现代语文教材里常见的"有感情地朗读课文"。这种朗读，有利于我们切实体会作者在写作时的真情实感，使我们仿佛身临其境，和作者心灵相通。对于理解文章中某些内容的深层含义更能达到十分良好的效果。

读要不要读熟？这看自己的兴趣和读物的种类而定。

是否要熟读在很大程度上取决于读者的兴趣，对于自己感兴趣，想要细心研究的文章，自然要读熟、反复体会。有时，我们并不是对整篇文章或整本书都感兴趣，那么从文章或书籍中选取我们所感兴趣的部分进行熟读，也能对阅读产生很大的帮助。

学习文言，必须熟读若干篇。勉强记住不算熟，要能自然成诵才行。

文言文不是我们日常生活中使用的文字，因此，我们必须要对一些篇目进行熟读，重点分析，最终达到自如背诵的程度才能由此触类旁通，读懂其他文言文章，这就和我们平时生活中要留意别人说话一样。这样做能够为阅读和理解文言文做好准备。

阅读当然越快越好，可以经济时间，但是得以了解为先决条件。胡里胡涂读得快，不如通体了解而读得慢。

考虑到时间问题，阅读自然是越快越好，越快就可以节省更多的时间来阅读更多的书籍。但是，切不可囫囵吞枣，如果为了节省时间而没有完全理解文意，那么即使阅读再多的文章都不如精读一篇文章。怎样才能又快又好地阅读文章呢？叶先生在这里建议学生要多默读，因为放声诵读自然要浪费一些时间，而默读则相对要快得多。

阅读之后该是作笔记了，如果需要记什么的话。关于作笔记，在后面谈写作的时候说。

在阅读了文章和书籍之后往往要写读书笔记，这一点先生将在下一部分谈写作时细谈。

最要紧的，阅读不是没事做闲消遣，无非要从他人的经验中取其正确无误的，于我有用的，借以扩充我的知识，加多我的经验，增强我的能力。

阅读方法在阅读中固然起到了十分重要的作用，而更重要的是我们必须对阅读抱有明确的观念。阅读绝不是消遣，通过阅读他人的文章和书籍，我们应该能够从中学习到人家的长处，同时分析其缺点，避免在今后的写作中犯与其类似的错误，"取其精华，弃其糟粕"才是阅读的核心。一言以蔽之，阅读的最终目的是要不断提高和完善自我。

四　写作须知

　　叶先生在谈论国文教学的文章中多次强调,写作是一件寻常事,但同时也是需要认真的事。在这一部分写作须知当中,先生列举了在写作时需要注意的一些具体问题,对中学生的写作加以指导。

　　写作绝不是无中生有。必须有了意思才动手写作,有了需要才动手写作。没意思,没需要,硬找些话写出来,这会养成不良的写作习惯,而且影响到思想方面。

　　这点就是叶先生一再在写作当中强调的言由心声,所写的东西必须是发自内心的想法和感受。如果主观上没有感受,心中没有话可说,那么写出来的东西就是编造的,长此以往,不仅达不到练习写作的目的,也会养成编造的习惯,贻害无穷。

　　写作和说话虽说同样是发表,可也有不同处。写作一定有个中心。……写作又得比说话正确些,齐整些,干净些。……写作的中心问自己就知道。……所有材料(就是要说的事物或意思)该向中心集中,用得着的毫无遗漏,用不着的淘汰净尽。

　　我们平时说话过程中可能不免想到哪说到哪,但是由于说话是和人当面表达,如果对方有什么听不明白的可以马上询问,然而写作则不同。读者不能和作者面对面,那么就要求作者必须将自己的意思在文章中清楚地表达出来。这就要求写作必须要有一个中心思想,在写作过程中所有的语言都要围绕着这一中心来表达,与中心有关的话多说,无关的话不说。同时,写作是书面的语言,因此要比口语化的说话更加讲究措辞、语法等,也就是先生所说的"正确些、齐整些、干净些"。

　　还有一点,写作不仅是拿起笔来写在纸上那一段时间内的事情。……意思的发生，需要的提出，都在动笔之前。认定中心，审查材料，也在动笔之前。提起笔来写在纸上，不过完成这工作的一段步骤罢了。

　　这点强调的是写作前的准备工作。写作其实并不是动笔写在纸上那么简单，还包括写作之前的思考和查找资料的过程。为什么要写作、写作的中心是什么、需要参考哪些资料，这些都是需要在写作前思考的问题，也都属于写作的一部分。如果说到了提笔时才算开始写作，想到哪写到哪，文章必定毫无章法、逻辑混乱，更无法清楚表意。

　　写作完毕之后，或需修改，或不需修改。不改，是自以为一切都写对了，没有什么遗憾了。至于修改，通常说由于自己觉得文字不好。说得确切一点，该是由于自己觉得还没有写透那意思，适合那需要。于是再来想一想，把材料增减一些，调动一些，把语句增减一些，变换一些，这就是修改。

　　这段谈到了文章修改的问题，需不需要修改是根据自己的意愿而定。如果自己觉得写得很好，已经完善了，则不需要修改；如果认为需要修改该怎么改呢？所谓修改就是要或增减文章中的资料，或调整资料的顺序，或变换或增减语句，总之，是要把文章没有表达清楚的地方完善得清楚明白，以期更好地达到写作目的。

　　练习写作，如果是课内作文，也得像前面所说的办。……练习是练习有意思有材料就写，而且写得像样，不是练习无中生有。无论应用的或练习的写作，以写得像样为目标。记事物记清楚了，说道理说明白了，没有语法上的毛病了，没有论理上的毛病了，这就是像样。至于写得好，那是可遇而不可求的。

　　这里谈到了写作应达到的程度。正如前文中所说，练习写作必须要有感而发，并且要写得清楚明白。中学生的写作最终达到"像样"的程度即可，至于要写出好的文章，不仅需要掌握各种技巧，更重要的是要有丰富的阅历和深邃的思想，而这些都是不能强求的。那么，怎样才能做到写得"像样"呢，先生接下来列举了若干注意事项。

　　要写得像样，除了审查材料以外，并得在语言文字上用心，这才可以表达出那选定的材料，不至于走样。所谓在语言文字上用心，实际也是极容易的事，试列举若干项。

　　(一) 所用的词要熟习的，懂得它的意义和用法的。似懂非懂的词宁可不用，换一个熟习的来用。

　　(二) 就一句句子说，那说法要通行的，也就是人家会这么说，常常这么说的。一句话固然可以有几样说法，作者有自由挑选那最相宜的使用，可是决不能独造一种教人家莫名其妙的说法。

　　(三) 就一节一段说，前后要连贯，第二句接得上第一句，第三句接得上第二句。必须注意连词的运用，语气的承接，观点的转换不转换。一个"所以"一个"然而"都不可随便乱用。陈述、判断、反诘、疑问等的语气都不可有一点儿含糊。观点如须转换，不可不特别点明。

　　(四) 如果用比喻，要问所用的比喻是否恰当明白。用不好的比喻还不如不用比喻。

　　(五) 如果说些夸张话，要问那夸张话是否必要。不必要的夸张不只是语言文字上的毛病，也是思想上修养上的毛病。

　　(六) 不要用一些套语滥调如"时代的巨轮""紧张的心弦"之类。这些词语第一个人用来见得新鲜，大家都用就只有讨厌。

　　(七) 运用成语以不改原样为原则，如"削足适履"不宜作"削足凑鞋"，"怒发冲冠"不宜作"怒发把帽子都顶起来了"。

　　(八) 用标点符号必须要审慎。宜多用句号，把一句句话交代清楚。宜少用感叹号，如"以为很好""他怕极了"都不是感叹语气，用不着感叹号。用问号也得想一想，询问和反诘的语气才用问号，并不是含有疑问句的语句都要用问号。如"他不知道该怎么做""我问他老张哪一天到的"都不是问句，用不着问号。

先生以上所列的内容涉及了遣词造句、前后文衔接、修辞手法、标点符号等,全面而具体。首先是用词方面。一是必须要用比较有把握的词。所谓有把握就是说必须要能够准确地运用,了解词语的深层含义和适用场合,如果遇到没有把握的词,应当用比较熟悉的来替代,不能盲目用词;二是准确运用成语。成语都是在人们长时间的文化积累中约定俗成的,因此是固定的,不能随意改动。三是对于一些俗套的语句,偶尔一用,大家会有耳目一新的感觉,可如果频繁使用,就显得俗不可耐了。其次是句法方面。写一句句子,必须要遵循一定的句法,这句法也都是固定的,一个句子通常可以用多种句式来表达,比如"被"字句和"把"字句等等,作者可以自己根据情况选择,但是除此之外,不能轻易自己造出一种说法,否则易引起读者的误解。第三是上下文的衔接问题。一篇文章要分为很多段落,每个段落还要分成很多句子,因此要注意段与段、句与句之间的衔接必须要连贯,而且要注意各种语气之间的转换。第四是修辞手法的运用要恰当。如比喻、夸张等,都要认真考虑是否有运用的必要、运用得是否得体等等。最后一个方面说的是标点符号的使用问题。先生认为,应当多用句号为宜,而对于感叹号、问号等含有强烈的语气语调的符号则要慎用。

五 写作举要

这一部分主要谈到了练习写各种文体的文章。在叶先生看来,练习写作,最好多写记叙文,因为记叙文是记叙一个事件或描绘一个事物,有现成的事物可以依据,较为容易。而议论文着重要练习的就是要把道理讲明白,阐述透彻。至于应用文,顾名思义,是为现实生活需要而写,自然要多练习,以服务于生活和成长的需求。先生在这一部分当中还对各类文体的文章在写作时所需注意的具体事项给予了说明:

以下略说写作各类东西的大要。

(一)记物的文字须把那东西的要点记明。

(二)叙事的文字须把那事件的始末和经过叙明。

（三）书信须把自己要向对方说的话说清楚。

（四）日记最好能够天天写，对修养有好处，对写作也有好处。

（五）读书笔记不只是把老师写在黑板上的注解表格等等抄上去，也不只是把一些书本上的美妙紧要的文句抄上去。除了这些，还有应该记的。

（六）给壁报揭载的或投寄报纸杂志的文章与其他文章一样，也应该以写自己熟知的了解的东西为主。可是有点不同，这类文章是特地写给他人看的，写的时候，心目中就须顾到读者。

前两条说的是记叙文。如果是描绘一件东西，就必须要突出事物的鲜明特点，在写作时铺以浓重笔墨；如果是叙述一件事情，必然要把事情的起因、经过、结果都交代清楚，力求完整。第三到第五条说的是应用文的写作，涉及书信、日记以及读书笔记。书信的作用或是与人沟通情感，或是要告知他人事件，写书信首先要明确写作目的。再者，书信是要写予他人，除了自己要明确写作目的外，还必须要让看信之人读得清楚明白，因此就必须要把话说清楚。日记，顾名思义，最好是每日记录，若能多多练习，不仅有利于练习写作，也有利于陶冶德行。读书笔记所记录的应该是在阅读完一篇文章或一本书籍之后的所感所想，而非简单地抄录老师写在黑板上的内容或是文章中的美句。做读书笔记不仅可以练习写作，还有利于对书籍或文章的进一步思考和理解。最后一条说的是该如何写作要发表的文章。这些文章与平日的写作练习所不同的就是读者较为广泛。既如此，写作时就必须要顾及到广大读者的感受。人人皆知的事情自不必加以细细描述，自己拿不准的道理就更不能公之于众，要以自己熟识了解的东西为主。

六 写 字

文章的最后谈到了写字的问题。写字需要注意的方面有很多，比如为了什么而写，怎样练习，用何种写字工具，采用何种字体等等。首先，一般人并不是要练就成书法大师，因此，写字的目的仅仅就是为了实用；至于练习，其实无需刻意，只在平时随时练习即可；就写字工具而言，古代时多用毛笔，而目前不只有毛笔，还有钢笔、铅笔，这并不是重要的，无论是哪种工具，都要认真练习；最后再说字体，一般人只需掌握真书、行书两种。先生在这里又着重列举了练习真书时应注意的几点。

真书求其清楚匀整，大略有如下几点可以说的：

（一）笔笔交代清楚，横是横，撇是撇，一点不含糊。

（二）横平竖直，不要歪斜，这就端正了。

（三）就一个字而言，各笔的距离务须匀称，不太宽也不太挤。……

（四）就一行的字而言，须求其上下连贯，无形中好像有一条直线穿着似的。还须认定各个字的中线，把中线放在一直线上。中线或是一竖，如"中"字"草"字，或是虚处，如"非"字"井"字，很容易辨明。

（五）就若干行字而言，须求两行之间有一条空隙。次行的字的笔画触着前行的字的笔画固然不好看，就是几乎要触着也不好看。

（六）写一长篇的字须要前后如一。如果开头端端正正，到后来潦潦草草，这就通篇不一致，说不上匀整了。

以上是在练习真书时所应引起注意的，先生的介绍清楚而具体，在这里就不赘述了。最后，先生又指导了一些练字的方法，比如"可以按字的形体分类练习"等等。

【见仁见智】

《中学国文学习法》一文主要针对中学生在学习国文当中所应采用的方法和注意的事项所作。文章中，先生尽量运用浅显易懂的语言阐释道理和方法，以帮助中学生明确学习目标和学习方法；在方法方面，先生又力求面面俱到，深入具体，可谓用心良苦。先生对广大中学生的恳切关怀、对国文教育的深入研究由此显而易见。今日重温经典，既是勉励广大教师向叶圣陶先生学习，认真钻研，也将对如今中学生的阅读和写作能力的提高给予指导性的帮助。期待广大中学生能在教育大师的指引下认真学习，不断发展和提高自我，来日为祖国建设贡献自己的力量。

名著之五:《认真学习语文》

【初映眼帘】

《认真学习语文》一文是叶圣陶发表于1962年10月,强调语文学习中认真的学习态度的文章。细心的读者可以发现,这里叶先生已经将在之前的文章中一直运用的"国文"二字,改为了"语文"二字。这是因为在解放以前,这个学科的名称在小学当中一直被叫作"国语",而在中学中叫作"国文",一直到1949年新中国成立以后,"语文"一词才开始作为这一课程的名称普遍使用。在这篇文章中,叶先生主要针对学习语文所应持有的态度加以说明,强调了是否具有认真的态度是学习语文成败的关键所在。文章分为五个部分,在第一部分当中,先生着重对语文学习的重要性进行了说明,即阐述了为什么要认真学习语文;第二部分中,先生谈到了对语文学习的正确认识;第三、四部分谈的是语文学习中应该注意的问题,首先是不能急于求成,其次还要注意基本功的训练;最后一部分,先生再次着重强调了语文学习中态度的重要性。整篇文章逻辑清晰、思维缜密,对帮助广大教师和学生端正学习态度、提高语文成绩提供了关键性的指导。

【丝分缕解】

一 学习语文很重要

学习语文的确很重要。近几年来,越来越多的人觉得自己的语文程度不够高。语文程度不够高，大约指两个方面：一方面是阅读。……另一方面是写作。……阅读是什么一回事？是吸收。……写作是什么一回事？是表达。……这两件事，无论做什么工作都是经常需要的。这两件事没有学好，不仅影响个人，还会影响社会。说学习语文很重要，原因就在这里。

　　文章一开篇就明确地指出了语文学习的重要性，即我们为什么要认真地学习语文。语文是我们日常生活中时时离不开的，我们要通过说话与人沟通、要阅读各类报纸书籍、要写点东西来表达自己的感情，这都需要语文水平达到一定的程度。现在很多人都觉得自己的语文程度不够，就是因为他们在日常工作和生活中在需要通过阅读以吸收一些知识和需要通过写作来与人沟通和表达时，遇到了阻碍。一旦如此，不仅会影响个人的生活质量，也会影响社会的进步和发展。因此，语文无论对于个人还是对于社会都具有举足轻重的作用。

二　对学习语文要有正确的认识

　　什么叫语文？平常说的话叫口头语言，写到纸面上叫书面语言。语就是口头语言，文就是书面语言。把口头语言和书面语言连在一起说，就叫语文。……语言是一种工具。工具是用来达到某个目的的。工具不是目的。……我们说语言是一种工具，就个人说，是想心思的工具，是表达思想的工具；就人与人之间说，是交际和交流思想的工具。思想和语言是分不开的，想心思得靠语言来想，不能凭空想。可以说，不凭借语言的思想是不存在的。

　　既然语文如此重要，我们就必须学好语文，学好语文的前提和基础就是要对学习语文有正确的认识。首先必须要理解什么是语文。"语"就是指我们日常生活中所说的话，"文"就是我们写在纸上的书面语言，因此，语文就是我们的口头语言和书面语言的统称。我们在生活中，无论是表达自己的思想感情还是与人沟通，都离不开语言。然而，语言只是辅助我们进行日常生活和工作的工具，并不是我们的最终目的。就像我们用锤子钉钉子，锤子是我们的工具，最终把钉子钉进去才是我们的目的。因此，我们学习语言，不仅要认识到其重要性，还要知晓学习的目的。正所谓"言由心生"，语言和思想是分不开的，语言是表达思想的工具，而思想则是语言的源泉。二者相辅相成，缺一不可，因此，要将语言同思想联系起来，不可将二者割裂。

就学习语文来说，思想是一方面，表达思想内容的工具又是一方面。工具有好有坏，有的是锋利的，有的是迟钝的，有的合用，有的不合用，这是一方面。思想也有好有坏，有的是正确的，有的是错误的，有的很周密、很深刻，有的很粗糙、很肤浅。这又是一方面。学习语文，这两方面都要正确对待。有些人认为只要思想内容好，用来表达的语言好不好无所谓。……有些人认为只要学好了语文，思想内容的问题也会随之解决，因而就想专在字词语句方面下功夫。这个想法也不对。

正是因为前文中我们说到了语言和思想的关系如此密切，因此，语言和思想都具有非常重要的意义。如果仅重视思想，不重视语言，那么思想便不能恰当地表达出来。比如有些人写文章马马虎虎，不注重把握字词的运用，文章写得不知所云，那么纵然作者心中有极为丰富的思想，其他人又怎可见呢？反之，只重视语言，不重视思想也是错误的。脱离了思想的语言充其量只是华丽辞藻和语句的堆砌，这种文章，纵使语言再美，也会显得空洞和乏味。因此，我们在写作的时候，无论是思想还是语言都十分重要，只有丰富深邃的思想加之恰当生动的语言，才能清楚地表达作者的意愿，成就一篇佳作。

学语文为的是用，就是所谓学以致用。经过学习，读书比以前读得透彻，写文章比以前写得通顺，从而有利于自己所从事的工作，这才算达到学习语文的目的。进一步说，学习语文还可以养成想得精密的习惯，理解人家的意思务求理解得透彻，表达自己的意思务求表达得准确；还有培养品德的好处，如培养严肃认真、一丝不苟的态度等。这样看来，学习语文的意义更大了，对于从事工作和培养品德都有好处。

这段话说的是我们学习语文的作用。前文中已经提到我们学习语文的目的应该是为实际生活和工作服务，我们所练习的阅读和写作都应该是为了这个目的。同时，学习语文还可以帮助我们养成良好的习惯。从与人沟通和交流的角度来说，学习语文可以帮助我们更好地向他人表达自己的思想、情感和意愿，同时也有利于我们充分理解他人的思想、感情和意愿，从而增进交流和沟通，进而增进感情。除此之外，语文还有一个重要的作用，就是可以帮助我们培养良好的品德。比如，通过不断练习的过程，我们可以学会持之以恒；通过用心阅读和写作，可以培养我们一丝不苟的认真态度。总之，学习语文意义重大，因此我们要努力学习，争取让语文在生活中发挥应有的作用。

三 学习语文不能要求速成

学习是急不来的。为什么？学习语文目的在运用，就要养成运用语文的好习惯。凡是习惯都不是几天工夫能够养成的。……习惯是从实践里养成的，知道一点做一点，知道几点做几点，积累起来，各方面都养成习惯，而且全是好习惯，就差不多了。……一定要把知识跟实践结合起来，实践越多就知道得越真切，知道得越真切就越能起指导实践的作用。不断学，不断练，才能养成好习惯，才能真正学到本领。……要学好语文就得下功夫。

　　有很多人总是试图探寻学习语文的捷径，殊不知语文学习是没有捷径可言的，正如我们前文所说，语文的学习过程是一个习惯养成的过程。所谓习惯，自然不是一蹴而就的，一定要按部就班地点滴积累，必须要下足了功夫，经过长时间的努力，最终才能达到"铁杵磨成针"的效果。同时，因为语文最终是要为实际生活和工作服务的，因此，这个学习过程必须要和实践相结合，脱离了实践的知识是毫无意义的。我们应该从实践中总结出丰富的经验，并将这种经验用于指导以后的实践当中去，如此这般，循环往复，才能最终养成良好的习惯，掌握真正的本领。我们日常生活中听说很多人能够做到"一目十行""倚马万言"等等，这都是长期积累、勤学苦练的结果。总而言之，语文学习是一个循序渐进的过程，务必要戒骄戒躁。

　　有好习惯，也有坏习惯。好习惯养成了，一辈子受用；坏习惯养成了，一辈子吃它的亏，想改也不容易。

　　在语文学习的过程当中，我们要时刻注重培养自己良好的习惯，同时要防止养成坏习惯，因为习惯一旦养成是不易更改的，好的习惯可以在很多方面帮助我们，而坏习惯则将贻害无穷。这就要求我们必须要时刻注意，即使是细节问题也不能放松警惕。比如有人写作时就经常写错别字，开始看来这并不是什么大毛病，只是一些细节上的小问题而已，可是如果长此下去，即使再好的文章，一旦错字连篇，都会严重影响阅读效果。而一旦用惯了错别字，再想纠正过来是极其困难的。克服这个缺点最好的办法就是，从学写字的时候开始，我们就要认真对待每一个字，留心它的用法和写法。在平时的阅读当中，一旦发现错别字，也要引以为戒。总之，我们一定要认真留心学习过程中的每一个细节，注意培养良好的学习习惯，并防止坏习惯影响我们的学习。

四 学习语文要练基本功

学习语文要练基本功。写一篇文章，就语文方面说，用一个字，用一个词，写一个句子，打一个标点，以及全篇的结构组织，全篇的加工修改，这些方面都要做到家才算好。这些方面都得下功夫，都得养成好的习惯。这样，写起文章来就很自由，没有障碍，能够从心所欲。培养这些方面的能力，养成好的习惯，就叫练基本功。

语文学习是一个积累的过程，因此，就必须从基本功练起。怎样才能做到练习扎实的基本功呢？这就要求我们每读一篇文章，都要注意它的字词、语句、语法、文章的结构、写作手法、中心思想等等；每写一篇文章都要注意遣词造句、上下文衔接、文章整体的润色和修改等等。这些都是语文的基本功，只有我们把这些功夫练得扎实，才能在今后的写作中游刃有余。

学语文的基本功是什么？大体上说有以下几方面。

第一，识字写字。

文字是语言的基础，要学习语言，首先要识字。识字看似简单，实则也有固定的方法和技巧。比如我们要掌握一个字，并不是只知道它怎么写就行了，还要认真研究它的意思，汉字多半都有许多不同的意思，这就要求我们要认真学习它的每一种意思，以及与之相对应的适用场合。很多人学字多半是一知半解，待到真正运用时就会遇到障碍，我们只有仔细地研究，反复推敲字意，才能做到准确熟练地运用。同时，写字也需要练习。这种练习并不一定是要通过临摹字帖这种固定的形式。只是说我们一定要把字写得正确、清楚，要符合汉字的书写规范。因为写字的最终目的是要给别人看的，如果字迹过于潦草、不够清晰，就会误导别人，甚至影响别人对于文章中作者所想表达的情思的理解。因此，写字也是语文学习中一项非常重要的基本功。

第二，用字用词。

这里说的用字用词和前面说过的要理解字词的意思和适用场合有一定的相似之处，但是不完全相同。准确地用字用词还包括要能够区分与之较为相近的字词，防止混用或错用。同时，有的字词还有一些特定的语言色彩，褒贬不一，在使用的过程中，我们一定要注意这种语言色彩的不同，如果对字词的掌握不够准确，就可能导致我们明明是褒扬一件事，却错用了贬义词，就会使文章产生歧义，影响写作效果。

第三，辨析句子。

明确了各个字词的意思，我们还要注意句子的阅读和写作。句子的种类有很多，内部关系也不尽相同。比如一个长句当中的各个部分，可能是并列关系，也有可能是因果关系。我们在阅读或写作一个句子的时候，一定要注意句子之间的关系，辨明这一句子的主要部分，这一句子是为了说明什么问题，否则就容易主次不分，让人产生歧义。叶先生在这里为我们介绍了一种辨析句子的好方法，就是要多把所读所写的句子念出来。把这些句子反复念几遍，有助于我们更好地领会句子的主要部分和感情色彩。阅读别人写的句子可以使我们领会作者的意图，学习作者写作的长处；对自己写过的句子反复朗读，可以帮助我们发现文章中不通顺、不恰当的地方，有助于我们对文章加以修改。长期坚持下去，还可以培养我们形成良好的语言运用能力，可谓一举多得。

第四，文章结构。

前文中已经介绍了很多对文章细节的把握，最后，要整体把握一篇文章，我们还必须准确分析文章的结构。在阅读一篇文章的时候，我们要注意文章的内容是怎样构建起来的，包括怎样开头、怎样进行上下文的衔接、怎样结尾，而且还应分析文章为什么会采取这样的结构，反复揣摩，领会作者的意图；在写作一篇文章的时候，我们首先就应该在脑海里形成一个大纲，这个大纲就是文章的结构，在动笔之前就要先想文章要以何种总体结构来写，每一段都应如何衔接，开头结尾要采取何种方式等等，做到成竹在胸，文章才能一气呵成。

五 认真不认真，是学得好不好的关键

希望学得好，先要树立认真的态度。看书，不能很快地那么一翻；看文章，不能眼睛一扫了事。写文章，不能想都不想，就动笔写，写完了自己又懒得改。这些都是不认真的态度。如果这样，一定学不好。

在文章的最后一部分，叶先生谈到了学习态度的问题。先生看来，是否抱有认真的学习态度直接决定了语文学习的成败。无论是阅读文章、书籍还是自己写作，都不能一味地图快，过分追求速度就不免浅尝辄止。语言是极其细致的

东西，要真正理解和掌握它必须要进行认真的研究，很多时候都要反复地咀嚼和推敲，在阅读时才能真正体会文章所蕴含的深意，在写作时才能清楚地表达自己的思想感情。一味追求速度，敷衍了事，就是一种不认真的态度。此外，在测验时，把很容易掌握的字词用错；在写作时，马马虎虎完成；在对待别人的批评指正时，不能进行深入分析而是一笑了之等等，这些都是不认真的态度。总而言之，学习语文必须要端正态度，才能取得进步。

【见仁见智】

记得有一本书名为《态度决定一切》，我们对于一件事情的态度往往决定了我们努力的程度，这必将直接影响最后取得的成绩。叶先生的这篇文章就着重强调了语文学习当中态度的重要性。我们经常将"端正学习态度"作为口号挂在嘴边，但是究竟怎样做才是端正的学习态度，却鲜有人知。先生的文章可谓一语中的，具有醍醐灌顶之效。先生在文章中不仅强调了态度的重要性，也指导了我们许多养成良好习惯的具体方法。读罢此文，我们在端正了思想的同时，也掌握了一定的技巧，可谓一举两得，受益匪浅。在今天的教育当中，态度更是值得我们反复强调的。无论是教师的教学态度还是学生的学习态度，都应该予以端正。在这个高速发展的社会，人们往往容易浮躁，而无论各行各业，都要求我们要沉下心来，认真对待，教育事业尤其如此。让我们秉承先生的伟大思想，认真地投入到生活、工作和学习中去，无论是个人还是社会都将受益无穷。